中等职业教育改革发展示范校建设规划教材
编 委 会

中等职业教育改革发展示范校建设规划教材

6S管理教程

6S GUANLI JIAOCHENG

● 王承辉 刘 洪 主编 ● 孟笑红 主审

化学工业出版社

·北京·

本书主要内容包括整理、整顿、清扫、清洁、素养和安全的含义和实施要领，并针对工作场地、办公室、学生宿舍的6S管理做了介绍。

　　本书可作为中等职业学校教材，也可作为企业管理培训用书。

图书在版编目（CIP）数据

6S管理教程 / 王承辉，刘洪主编. —北京：化学
工业出版社，2015.5（2021.5重印）
中等职业教育改革发展示范校建设规划教材
ISBN 978-7-122-23523-7

Ⅰ.①6⋯　Ⅱ.①王⋯　②刘⋯　Ⅲ.①学校管理—中等
专业学校—教材　Ⅳ.①G47

中国版本图书馆CIP数据核字（2015）第066740号

责任编辑：高　钰　　　　　　　　　　　　　　文字编辑：李　曦
责任校对：边　涛　　　　　　　　　　　　　　装帧设计：刘丽华

出版发行：化学工业出版社（北京市东城区青年湖南街13号　邮政编码100011）
印　　装：北京盛通商印快线网络科技有限公司
787mm×1092mm　1/16　印张8　字数192千字　　2021年5月北京第1版第5次印刷

购书咨询：010-64518888　　　　　　　售后服务：010-64518899
网　　址：http://www.cip.com.cn
凡购买本书，如有缺损质量问题，本社销售中心负责调换。

定　　价：28.00元

人，都是有理想的，并因为有理想而伟大。

我们的理想，莫过于培养出德才兼备的学生，莫过于创建良好的工作环境、和谐融洽的工作气氛。6S是通过对现场科学合理管理，使师生养成踏实的工作作风、遵守工艺纪律的能力、良好的道德品质、遵守规章制度的习惯、文明礼貌的习惯和凡事认真的习惯。为全体师生创造一个安全、文明、整洁、高效、温馨、明快的工作环境，唤醒每位师生对真、善、美的追求，激发师生高昂的士气和责任感，塑造学校良好的形象，形成优秀的学校文化，提高学校的美誉度，实现共同的理想。

为配合学校广泛开展6S运动，特编写了本书，教程中较为翔实地介绍了6S的含义、推行目的、效用、要领，具有一定指导性和实用性。为此，热忱希望广大师生对该教程深学习，常行动，循序渐进、持之以恒，不断规范自己的日常行为，促使6S活动从"形式化"走向"行事化"，最后向"习惯化"演变，为学校的稳步发展打下坚实的基础。

本书由王承辉、刘洪担任主编，参加编写工作的还有运庚丹、王志强、杨春苹、张蕾、王丽丽、张娜、王正禄、王丽等。本书由孟笑红主审。

由于编写时间及编者水平有限，书中难免有不妥之处，恳请广大读者批评指正。

编　者

目 录

第四章 办公室 6S 管理 79

第五章 教室 6S 管理 91

第六章 学生宿舍 6S 管理　　102

附录　　112

参考文献　　120

第一章

6S 管理基础

在学习之前，请大家看看图 1-1 所示的实际的工厂工作现场，各位有怎样的感觉呢？哪种是你们心中的工作现场？

第一节 概述

我们可以看一下，排名第 5 位的通用汽车公司的销售额是 1953.24 亿美元，营业利润为 39 亿美元。而排名第 8 位的丰田汽车公司的销售额为 1566.02 亿美元，销售额低于通用汽车公司，但丰田汽车公司的营业利润却是大于 100 亿美元，我们可以知道丰田汽车公司在成本控制方面做得更好，而这都要归功于以 6S 为基础的日本式精益管理。

一、6S 的起源

1955 年，日本企业提出了整理（Seiri）、整顿（Seiton）2 个 "S"。后来因管理的需求及水准的提升，才陆续增加了其余的 3 个 "S"，从而形成目前广泛推行的 5S 架构，5S 是整理、整顿、清扫（Seiso）、清洁（Setketsu）、素养（Shitsuke）5 个项目，因该 5 个项目的日语名称的罗马拼音均以 "S" 开头，简称为 5S，也使其重点由环境品质扩及至人的行动品质，在安全、卫生、效率、品质及成本方面得到较大的改善。再加上安全（Safety）这个因素，统称为 6S。现在不断有人提出 7S 甚至 8S、10S，但其宗旨是一致的，只是不同的企业，有不同的强调重点。

1986 年，首部 5S 著作问世，从而对整个现场管理模式起到了巨大的冲击作用，并由此掀起 5S 热潮。日式企业将 5S 运动作为工作管理的基础，推行各种质量管理手法。而在日本最有名的就是丰田汽车公司倡导推行的 5S 活动，由于 5S 对塑造企业形象、降低成本、准时交货、安全生产、高度标准化创造令人心怡的工作场所等现场改善方面有巨大作用，逐渐被各国管理界认同。随着世界经济的发展，以 6S 为基础，辅以精益化生产线已经成为工厂管理潮流。

没有实施 6S 的工作现场的脏乱触目可及，例如满地垃圾、油渍或切屑等，零件胡乱摆放，最新式设备也未加维护，经过数个月之后，也变成了不良的机械。使用的工夹具、计测器混放，精度降低。办公桌狼藉一片，找个文件费半天劲等。员工在操作中显得松松垮垮，对自己没有信心，规定的事项，也只是起初两三天遵守而已，如图 1-1 所示。

这样生产产品? ……   这样生产产品?

图 1-1　工作现场比较

实施 6S 管理就是治病的良药。

表 1-1 列举了世界 500 强企业的部分排名。

表 1-1　世界 500 强企业的部分排名

排名	企业名称	销售额/亿美元	营业利润/亿美元
第 5 位	通用汽车	1953.24	39
第 6 位	福特	1645.05	34
第 7 位	戴姆勒-克莱斯勒	1566.02	−5.76
第 8 位	丰田汽车	1566.02	>100

二、6S 的含义

6S 管理由日本企业的 5S 扩展而来，通过规范生产现场的人员、机器、材料、方法等，营造一目了然的生产环境，它是现代企事业单位行之有效的管理理念和方法，其作用是：提高效率，保证质量，使工作环境整洁有序，预防为主，保证安全。

整理：区分必需品与非必需品。

整顿：将必需品有序有章放置。

清扫：将不需要的东西清除掉，保持工作现场无垃圾，无污秽状态。

清洁：将整理、整顿、清扫进行到底，并且标准化、制度化。

素养：通过对前 4S 的坚持，形成习惯，提升员工的素养。

安全：清除隐患、排除险情、预防事故发生。

用以下短语描述 6S，方便记忆。

整理：要与不要，一留一弃；

整顿：科学布置，取用快捷；

清扫：清除垃圾，美化环境；

安全：安全操作，生命第一；

清洁：形成制度，贯彻到底；

素养：形成制度，养成习惯。

三、6S 之间的关系

6S 管理各部分关系如图 1-2 所示。

6 个"S"并不是独立存在的，它们之间相辅相成、缺一不可。整理是整顿的基础，整顿是整理的巩固，清扫显现整理与整顿的效果；而清洁是将上面的 3S 实施的做法制度化、规范化，并贯彻执行及维持的结果；素养是指培养每位员工养成良好的习惯，并遵守规则做事，开展 6S 容易，长时间的维持必须考虑素养的提高；安全是基础，要尊重生命，杜绝违规。

6 个"S"之间的关系可以用下面的口诀表达：

只有整理没整顿，物品真难找得到；

只有整顿没整理，无法取舍乱糟糟；

整理整顿没清扫，物品使用不可靠；

3S 之效果怎保证？清洁出来献一招；

标准作业练素养，安全生产最重要；

日积月累勤改善，公司管理水平高。

要想企业的管理维持在一个理想的水平，企业必须全面推行 6S，互有侧重，效果纷呈。

6S 之间的关系如图 1-3 所示。

图 1-2　6S 管理各部分关系

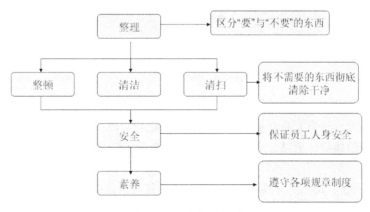

图 1-3　6S 之间的关系

四、6S 与其他活动的关系

6S 的管理是生产现场管理的基础，也是全员生产管理（TPM）推行的前提，是全面品质管理（TQM）的第一步，也是 ISO9000 推行成功的有效保证。如果企业对 6S 管理已有一定基础，那么任何活动都可起到事半功倍的效果。

五、推行 6S 的目的

企业推行 6S，大多以失败告终，究其缘由，可能有上百种。我们从最根本的问题问起，即企业为什么要推行 6S？如图 1-4 所示。

图 1-4　推行 6S 的目的

对企业来说，6S 是一种态度。企业之所以推行 6S 管理，就是希望通过 6S 管理来使企业具备强劲的竞争力，而强大的竞争力就需要严明的纪律。6S 这种态度是不怕困难，把想做到的做到，把做到的做好。所以，企业并不是为了 6S 而 6S，而是为了形成有纪律的文化，提高竞争力。

对管理人员来说，6S 是一种基本能力。在 6S 的推行过程中，往往需要将 6S 的基本内容与企业的具体情况有效地结合起来。对企业现场管理，无非就是人员、机器、物料、方法、环境的管理，要想现场井然有序，事故发生率最低，员工工作心情舒畅，这需要管理人员做好 6S。所以 6S 是衡量管理人员能力的重要指标。

对企业员工来说，6S 是每天必须的工作。如果这个工作没有做好，我们工作中往往会出现一些问题：工作没有头绪，桌面上凌乱不堪，环境脏乱使得自己心情变得糟糕，制订的计划往往拖后延误……这些给我们的工作带来了太大的影响，工作情绪受到严重影响，从而使得工作效率大大降低，以致提升不上来。这种环境，员工待着憋气，领导看着生气，客户光临也会失去订单。所以 6S 是我们每天的工作，必须坚持到底。

企业之所以实施 6S 管理主要是为了：提高产品质量，建立安全与健康的工作环境，提高工作效率，减少故障出现，孕育良好的安全文化。这些是每个企业所想要达到的与值得改善的。

第二节 整理（Seiri）

哪些企业是世界级的企业？

你心目中的一流企业、二流企业和三流的企业是什么样子的？

三流企业中的每个员工都随处乱扔垃圾没有人拣起来，如图 1-5 所示。

图 1-5 三流企业的员工

二流企业有专人将别人乱扔的垃圾拣起来，如图 1-6 所示。

图 1-6 二流企业的员工

一流企业中的每个员工都自觉维护环境的清洁，没人乱扔垃圾，如图 1-7 所示。

图 1-7　一流企业的员工

一、整理的概念

如图 1-8 所示企业的生产方式，在自己身上是不是经常发生呢？

图 1-8　忙乱的工作现场

1．整理的定义

在工作现场区别有用和没用的东西，只保留有用的东西，撤除不需要的东西。

2．整理的目的

① 清除零乱根源，腾出"空间"，提高空间利用率。

② 降低意外发生的机会。

3．特别说明

如果非必需品占据了工作岗位，必需品就无处可放，可能会增加工作台放必需品，造成浪费。

二、整理的步骤

1．深刻领会开展的目的，建立共同认识

① 确认不需要的东西，多余的库存会造成浪费。

② 向全体员工宣讲，取得共识。

③ 下发整理的措施。

④ 规定整理要求。

2．对工作现场进行全面检查

（1）办公场地（包括现场办公桌区域）　检查内容：办公室抽屉、文件柜的文件、书籍、档案、图表、办公桌上的物品、测试品、样品、公告栏、看板、墙上的标语、月历等，如图 1-9 所示。

(a) 整理前

(b) 整理后

图 1-9　办公场地整理前、后比较

（2）地面（特别注意内部、死角） 检查内容：机器设备大型模类工具，不良的半成品、材料，置放于各个角落的良品、不良品、半成品，油桶、油漆、溶剂、黏结剂，垃圾筒，纸屑、竹签、小部件等。

（3）室外 检查内容：堆在场外的生锈材料、料架、垫板上之未处理品、废品、杂草、扫把、拖把、纸箱等。

（4）工装架上 检查内容：不用的工装、损坏的工装、其他非工装之物品，破布、手套、酒精等消耗品，工装（箱）是否合用。

（5）仓库 检查内容：原材料、导料、废料、储存架、柜、箱子、标识牌、标签、垫板。

（6）天花板 检查内容：导线及配件、蜘蛛网、尘网、单位部门指示牌、照明器具。

室内的整理，如图 1-10 所示。

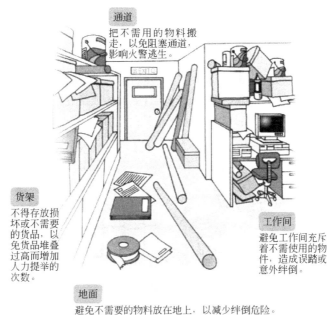

图 1-10 室内的整理

3. 制订"要"和"不要"的判别基准

目的是腾出更大的可用空间，提高工作效率，努力达到"不等候、不寻找"。下面以某企业会计部为例，说明一下，见表 1-2 所示。

表 1-2 会计部"要"与"不要"文件处理方法

类别	使用频度	处理方法	备注
必要文件	每小时	放在桌上或随身携带	摆放整齐
	每天	办公室文件柜	摆放整齐
	每周	办公室文件柜	摆放整齐
非必要文件	每月	办公室文件柜	摆放整齐
	三个月	办公室文件柜	摆放整齐
			定期检查
	半年	文件柜下层（档案盒存档）	摆放整齐
			定期检查

续表

类别	使用频度		处理方法	备注
非必要文件	1~2 年		档案室	摆放整齐
				定期检查
	2 年以上		根据实际情况存档或废弃	摆放整齐
				定期清理
	未定	有用	档案室存储	摆放整齐
				定期检查
		无用	变卖／废弃	摆放整齐
				定期清理
	不能用（时效性文件）		变卖／废弃	立刻废弃

注：会计凭证、账簿等会计法规定的会计资料处理时限按会计法规定处理。

按基准清理非必需品，重要的是物品的"现使用价值"，而不是"原购买价值"，要有决心，不必要的物品应断然地加以处置，这是 6S 的第一步。可从以下方面进行整理：设备、文具、工装、机器、工作台、计算机、文件柜、货架。包括有缺陷的或是过量的零件库存；过时的或损坏的工装、模具、检测设备、电器等；破旧的清洁用具；过时的张贴物、标志、通知或备忘录，如图 1-11 所示。

(a)   (b)

图 1-11　清理非必需品

4．不需品的处理

把没用的东西去掉很不容易，担心用得上的时候，就没有东西了。我们可将物品分类，该废弃的一定要丢掉。

第一类物品：不再使用的。

第二类物品：使用频率低的。

第三类物品：使用频率较低的。

第四类物品：经常使用的。

将第一类物品处理掉，第二三类物品放在储存处，第四类物品留在工作现场。制订废弃物处理方法，如图 1-12 所示。

5．每天循环整理，自我检查

生产每天都在进行，现场情况都在发生变化，昨天的必需品在今天可能就是多余的，整理贵在天天做，时时做，持之以恒，如图 1-13 所示。

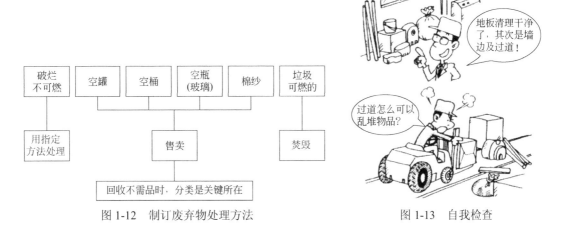

图 1-12　制订废弃物处理方法　　　　图 1-13　自我检查

6. 开展整理活动时不应有的心态

① 虽然现在不用，但是以后要用，搬来搬去怪麻烦的，因而不搬又留在现场。

② 好不容易才弄到手，就算没用，放着也不碍事。

③ 一下子处理报废这么多，管理者有意见怎么办，谁来承担这个责任。

④ 为什么别人可以留下来，而我不行，太不公平了。

第三节　整顿（Seiton）

[小游戏]

在一分钟内找出下述文中有多少个 "F 或 f"。

The necessity of training farm hands for first class farms in the fatherly handling of farm livestock is foremost in the minds of farm owners. Since the forefathers of the farm owners trained the farm hands for first class farms in the fatherly handling of farm livestock, the farm owners feel they should carry on with the family tradition of training farm hands of first class farms in the fatherly handling of farm livestock because they believe it is the basis of good fundamental farm management.

（答案是 36 个）

请大家想一想，这个游戏与 6S 有什么关系呢？

我们来总结一下。"F" 或 "f" 好比是需要的物品，散落在各个地方，把它找出来需要花时间，还很可能数错。那如果我们把 "F" 都取出来放一起，并且做一个标识，标出数量。那大家是不是很容易可以回答我们刚才的问题。而将 "F" 都取出来放一起并进行标识这个过程，其实就是我们第二个 "S" 的工作。

接下来我们来学习下 "整顿" 的内容。

一、整顿的概念

1. 整顿的含义

根据使用的频率、功能和种类，将有用物品进行分类及贮存在适当的地方，并将物品及存放地点加以标识，使任何人都能清楚地知道物品存放的地点和数量。

2. 整顿的目的

① 消除寻找物品的时间。

② 工作秩序井井有条。

③ 工作场所一目了然。

3. 特别说明

整顿是研究提高效率的科学，任意存放的物品会让我们寻找它的时间加倍，我们必须思考怎样取物品更快，并能让大家理解这套系统并遵照执行。

4. 整顿的作用

① 消除"寻找"的浪费。

② 工作场所清楚明了。

③ 整整齐齐的工作环境。

④ 消除过多的积压物品。

⑤ 这是提高效率的基础。

整顿作用如图 1-14 所示。

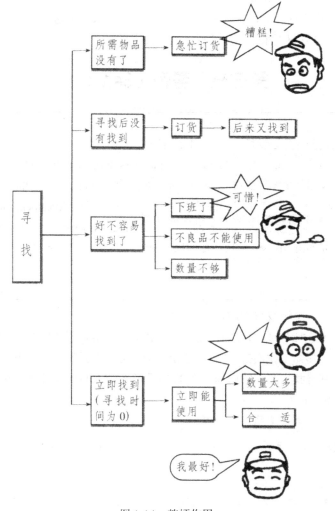

图 1-14　整顿作用

5．整顿的后果

① 整顿后，任何人都能清楚恰当地知道所有物品的安排，一旦出现异常情况会很容易地被识别出来，如图 1-15 所示。

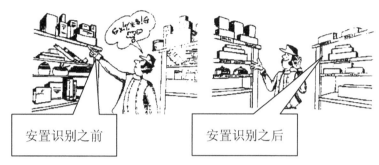

安置识别之前　　　安置识别之后

图 1-15　整顿前后对比

② 要站在其他部门的立场看，使物品放在什么地方更明确。

③ 对放置物能立即取出。

④ 使用后能容易回到原位，没有恢复或误放能马上知道。工具的摆放如图 1-16 所示。

图 1-16　工具的摆放

二、整顿的要领

1．整顿的推行过程综述

整顿的推行过程综述，如图 1-17 所示。

2．整顿过程分类介绍

（1）现场流程布置，确定放置场所

① 根据物品的用途、功能、形态、形状、大小、重量、使用频率等因素决定放置的方法。注意要便于取用和放置，见表 1-3 所示。

表 1-3　决定放置的方法

	使用频率	处理方法	建议场所
不用	全年一次也未用	废弃、特别处理	待处理区
少用	平均 2 个月～1 年使用 1 次	分类管理	集中场所：工具室、仓库
普通	1～2 个月使用 1 次或以上	置于车间内	各摆放区
常用	1 周使用次数 1 日使用次数 每小时都使用	工作区内随手可得	如机台旁、流水线旁 个人工具箱

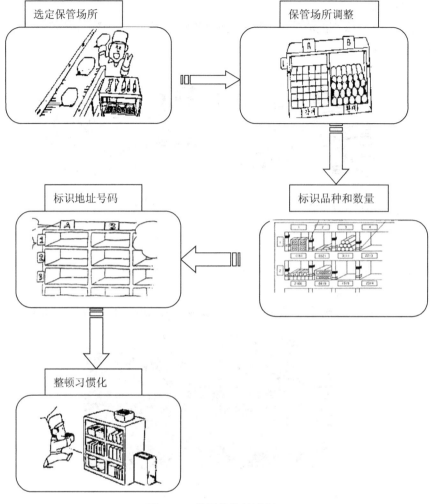

图 1-17　整顿的推行过程

② 将"整理"之后所腾出的棚架、橱柜、场所等空间进行重新规划使用。

③ 布局讨论与规划。

④ 经常使用的物品放在工段的最近处。

⑤ 物品放置 100%定位。

⑥ 危险品、特殊物品专门保存。

（2）确定摆放方法。

确定摆放的方法有"三定"和"三正"。

所谓三定是指定位、定类及定量，是为了使人可以一眼看清什么东西在哪里，有多少，处于什么状态，以确立用眼观察（可视）的管理活动。

在制造现场，有对已定下来的事情不愿更换的特性，即使是已经定下来的事情，也要根据情况的变化重新形成和建立正确的方法，这叫三正。

（3）定位

① 标识保管地址的号码和指定的位置（场所），要点有以下几方面。

a. 分为地点标示与号码标示。

b．物品可用字母 A、B、C 或数字 1、2、3 来表示。

c．号码最好用数字来表示，并顺序排列下去。

d．物料架上绝对不放东西。

物料架的定位摆放如图 1-18（a）、（b）所示。

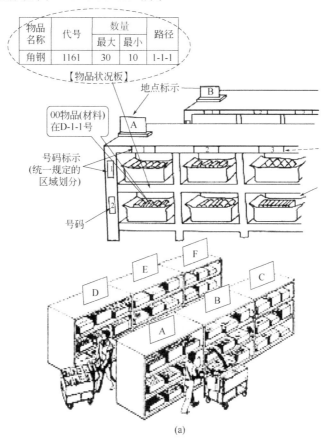

(a)

(b)

图 1-18　物料架的定位摆放

② 定位线。定位-颜色的区域标准如下。

黄色（实线）：一般通道线、区划线、固定物品定位线。

黄色（虚线）：移动台车、工具车等停放定位线。

绿色：合格区、成品区。

红色：不合格区、废品区、危险区。

红色斑马线：不得放置、不得进入（配电装置、消防栓处、升降梯下等）。

黄色斑马线：警告、警示（地面突起物、易碰撞处、坑道、台阶等）。

注意：以上为较通用的颜色要求，不同的公司或制造厂可以有其自身的规范，但就一个公司或一个厂而言，必须注意统一。

示例见表 1-4 所示。

表 1-4　定位线示例

序号	说明	示例
1	地面通道线参考线宽为 4~10cm，通道线用于人、车、物料的通行，通常用实线，采用刷油漆或贴胶带的方法	
2	区划线：用于工作区域内的功能细分，一般也用实线。有时出于美观与灵活考虑，可以使用虚线。另外，功能不确定的区域也可考虑用虚线。建议区划线使用明黄色线条	
3	警示线：楼梯的第一级和最后一级用 50mm 黄色胶带或实心线标识	

序号	说明	示例
3	在开门处用宽 25mm、长 10cm 的黄色胶带，间隔 5cm 虚线	
4	车间道路地面标志线用 50mm 黄色胶带实心线	
5	灭火机箱可用 50mm 红色胶带实心线定位	
6	消火栓可用 50mm 红色胶带，实心线在开门处 1m 内无障碍物，25cm 为一格分成四格	
7	禁止通行用 50mm 红色胶带实心线标识	

续表

序号	说明	示例
8	工位操作区域：起始和结束位置	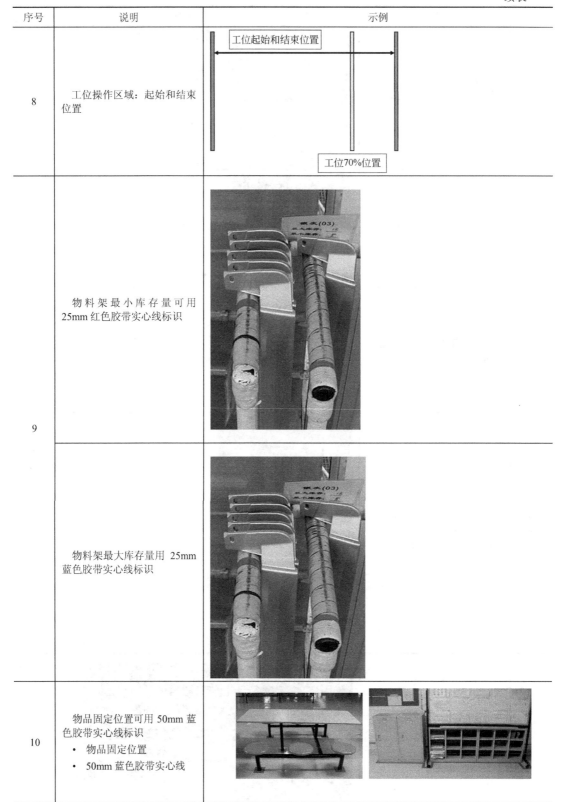
9	物料架最小库存量可用 25mm 红色胶带实心线标识	
	物料架最大库存量用 25mm 蓝色胶带实心线标识	
10	物品固定位置可用 50mm 蓝色胶带实心线标识 • 物品固定位置 • 50mm 蓝色胶带实心线	

序号	说明	示例
11	休息桌茶杯摆放在蓝线上，用 50mm 蓝色胶带实心线标识	
12	班组休息区可用 50mm 蓝色胶带实心线标识	
13	桌面的划分可用 7mm 蓝色胶带实心线标识	
14	移动式物品定位时（如推车、焊机）可采用的方法（黄色实线、宽度 50mm）	
15	位置变动类物品定位时，常采用虚线定位法	
16	形状规则的小物品定位时，可采用四角定位法，其中物品角和定位角线间距应在 2～4cm	
17	形状规则的小物品定位（黄色虚线、线条宽度 50mm）	

（4）定品（正确的品种）

定下需要保管的东西（物品）之后要采用标识品名的方法保存。标识品名的方法如下。

① 物品名表示。

② 架料架名表示。

③ 使物料架可以简单地更换位置，如图 1-19 所示。

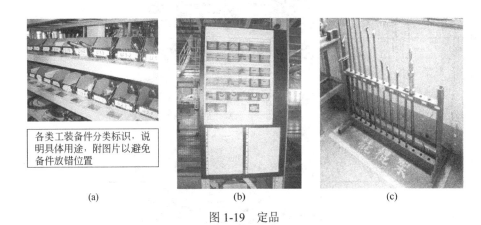

(a)　　　　　　　　　(b)　　　　　　　　　(c)

图 1-19　定品

（5）定量

定量是指掌握在制造现场中被使用的物品的情况，定下适当的数量，设定管理极限的活动（标示最大库存量和最少库存量），如图 1-20 所示。

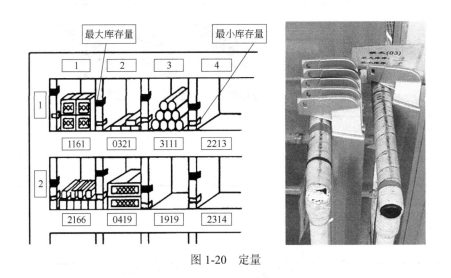

图 1-20　定量

第四节　清扫（Seiso）

油污满地的地方，让走起路来如履薄冰，稍不留神，就会出现图 1-21 所示的状况。我们该怎样进行改善呢？这就是这节课要解决的问题。

图 1-21 不清洁的工作环境

一、清扫的概念

1．清扫的含义

清扫是检查的一种形式，必须要保证所有设备、工具和整个工作现场干净整洁。

2．清扫的目的

① 达到零故障、零损耗。

② 保持良好的工作情绪。

③ 保证产品品质。

3．特别说明

经过整理、整顿后，必需品处于立即就能取到的状态，这就是清扫的功劳。清扫就是对环境和设备的维护、点检。

4．清扫的作用

（1）清扫就是点检　通过仔细擦地板、墙壁、设备、备件等作业现场的各个角落，不仅可以保持没有杂物和污垢的作业环境，还可以发现现场中存在的小缺陷（螺母螺杆的状态，空气和油的泄漏，变形，锈斑和裂缝等），从而可以事先预防问题的发生。看着有污垢和污染物而不及时清扫，那么后来清扫起来会更难，如果弃之不理，则会由于灰尘的积累和生锈而导致设备的功能及性能下降，制造现场的环境不良，及作业者的作业效率下降，从而导致浪费，如图 1-22 所示。

图 1-22 清扫就是点检

（2）无尘化 清扫能使员工不但关心、注意设备的微小变化，还必须时时刻刻都维持整洁干净的环境，为工作现场创造无尘化的工作环境，设备才能零故障，如图 1-23 所示。

图 1-23 舒心的无尘环境

灰尘的影响，如图 1-24 所示。

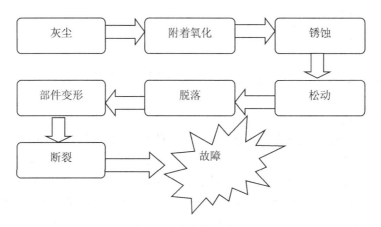

图 1-24 灰尘的影响

二、清扫的要领

施行清扫时的要领是责任化、标准化。

实施要领首先是建立室内和室外的清扫责任区；执行例行扫除，清理脏污；调查污染源，予以杜绝或隔离；同时建立清扫基准，作为作业规范。

自己使用的物品，如设备、工具等，要自己清扫，而不要依赖他人，不增加专门的清扫工。对设备的清扫，着眼于对设备的维护保养，清扫设备要同时做设备的润滑工作，清扫也是保养，清扫是对设备的保养，同时清扫也是对设备状况的改善。当清扫地面发现有飞屑和油水泄漏时，要查明原因，并采取措施加以改进，如图 1-25 所示。

图 1-25 清扫前后对比

三、清扫的步骤

1. 准备工作

（1）安全教育 对可能发生的受伤、事故的危险源进行安全教育，如触电、碰伤、尘埃入眼、坠落砸伤、灼伤等。

（2）设备运转基本常识 了解基本结构和运行工作原理，对旋转部位、漏油漏气部位、加油保养部位、易漏电部位、易产生震动噪声部位进行确认分析。

（3）技术培训 执行操作指导书，明确清扫工具、部位、加油位置与方法、螺钉拆卸与紧固方法。

（4）调查脏污的来源，彻底根除

① 在产品无防护层的外表面上造成腐蚀斑点，使外观不良；

② 对通电体造成开路、短路或接触不良。

③ 造成产品成形时表面损伤，影响外装质量。

④ 对光、电精密产品造成特性不稳后发生变化。

⑤ 对精细化工产品性能产生变化。

某工厂发生源分析，见表 1-5 所示。

表 1-5 某工厂发生源分析

序号	车间	处所	发生源	描述
1	二车间	真空耙式	耙式卸料	卸料时粉尘飞扬
2	三车间	沸腾干燥	除尘卸料	沸腾干燥卸料时除尘不好，粉尘多
3	一车间	真空耙式	耙式卸料	卸料时粉尘飞扬
4	四车间	沸腾干燥	周转袋	周转袋脏、内粉尘多
5	五车间	沸腾干燥	标袋	标袋时漏粉较多

（5）建立清扫准则共同执行

① 规定组别或个人"清扫责任区"并公布说明。

② 责任区域的划分定期进行轮流更换，以示公平。

③ 建立"清扫准则"供清扫人员遵守。

（6）开展清扫活动时不应有的心态

① 只在规定的时间内清扫，平时见到脏物也不当一回事。

② 清洁保持是清洁工或值日人员的事，与自己和其他人无关。

③ 不把所有废弃东西立即清扫掉，扫干净这个地方，会弄脏另一个地方。

④ 清扫对象高度过高、过远，手不容易够着的地方，于是就不清扫。

⑤ 清扫工具太简单，许多脏物无法除去。

2．从工作岗位清扫一切垃圾、灰尘

（1）规定例行扫除时间与时段，如：每日 5min5S；每周 30min5S；每月 60min5S。

（2）全员拿着扫把、拖把等依规定彻底清扫。

（3）管理者要亲自参与清扫，以身作则。

（4）要清扫到很细微的地方，不要只做表面工作。如洗净地面油污；清除机械深处的铁屑；日光灯、灯罩或内壁擦拭；擦拭工作台；架子的上、下部位；窗户或门下护板；桌子或设备底部；卫生间的地板与壁面等。

3．维护修理在清扫中发现的有问题的地方

（1）对松动的螺母进行紧固，缺失的螺栓补全。

（2）更换老化、破损的水管、气管、油管。

（3）跑、冒、滴、漏及时处理。

（4）需要安全保护的装置一定要安装好。

（5）及时更换老化、漏线的导线。

4．实行区域责任制

划分责任区，责任到人。某公司由员工负责清扫的位置图，如图 1-26 所示。

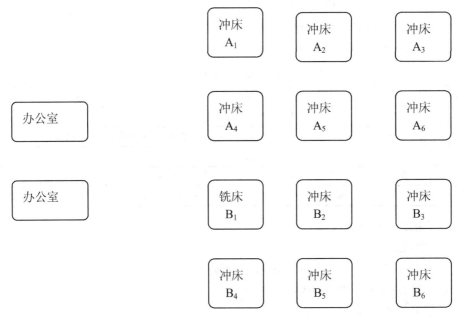

图 1-26　区域责任制

清扫时间表例，见表 1-6 所示。

表1-6 清扫时间表例

清扫区域	清扫位置	ABC 公司清扫时间表负责人	星期一	星期二	星期三	星期四	星期五
厕所	·地板	·清洁工人	○	○	○	○	○
	·门墙窗	·清洁工人	○			○	
办公室	·工作台	·工作人员	○	○	○	○	○
	·地板通道	·清洁工人	○	○	○	○	○
	·空调系统	·清洁工人	○				
工厂	·工作台	·工作人员	○	○	○	○	○
	·机械设备表面	·操作人员	○	○	○	○	○
	·工具	·操作人员	○	○	○	○	○
	·地板通道	·清洁工人	○	○	○	○	○
	·门墙窗	·清洁工人	○	○	○	○	○
	·机械设备内部	·操作人员			○		
	·排风系统	·清洁工人	○				

第五节 清洁（Setketsu）

一、清洁的概念

1．清洁的含义

整理、整顿、清扫工作执行以后，取得了显著的效果，这种标准需要长期执行和保持，一旦异常情况出现会立即被指出和清除。

2．清洁的目的

① 养成持久有效的清洁习惯。

② 维持巩固整理、整顿、清扫的成果。

3．特别说明

要成为一种制度，必须充分利用创意改善和全面标准化，获得坚持和制度化的条件，提高工作效率。

二、清洁的要领

① 落实前 3S 工作。

② 制订目视管理，颜色管理基准。

③ 制订考核方法。

④ 制订奖罚制度，加强执行。

⑤ 维持 6S 意识。

⑥ 主管经常带头巡查，带动重视。

三、清洁的步骤

1. 整理、整顿、清扫是"行为动作",清洁则是"结果"

① 在工作现场彻底执行整理、整顿、清扫之后,所呈现的状态便是"清洁"。

② 清洁,在清扫方面呈现"清净整洁",感觉上是"美化优雅",在维持前 3S 的效果同时,通过目视化的措施来进行检查,使"异常"现象能立刻消除,使工作现场一直保持在正常状态。

③ 清洁的维持与工作场地环境的新旧没有关系,一个新工作场地如果 3S 没有做好,也只能算是三流的工作场所。反之一个 20～30 年的老场地,如果 3S 持续彻底执行,虽然并不起眼,但是内部却是干净清爽,一尘不染,则属一流的工作场所,这其间的区别,只在有无"决心"与"持续"而已。

④ 一个按制度规定清扫的厂房设施,除了可使员工感觉干净卫生,精力充沛之外,更可以提高产品质量与企业形象。因此,企业的经营者和主管部门应特别加以重视。

2. 落实前 3S 执行情况

① 彻底执行前 3S 各种动作。

② 如果前 3S 实施半途而中止,则原先设定之划线标示与废弃物桶,势必成为新的污染而造成困扰。

③ 主管要身先士卒,主动参与。

④ 多利用标语宣传,维持新鲜活动气氛。

3. 设法养成"整洁"的习惯

① 没有"整洁"的习惯,则地上纸屑、机器污物就自然地视若无睹,不去清扫擦拭。

② 环境设备,不去擦拭,也就懒得去做点检。

③ 懒得做点检导致"异常"发生也无法察觉,当然现场经常产生毛病和问题。

④ 整洁是零异常的基础。

⑤ 设法通过教育培训,参观 3S 做得好的现场等方式使员工因"看不惯脏污"而养成"整洁"的习惯。

⑥ 3S 意识的维持,有助于整洁的习惯养成。

4. 建立视觉化的管理方式

① 物品整顿的定位、划线、标示,彻底塑造一个场地、物品明朗化的现场,而达到目视管理的要求。

② 如一个被定为存放"半成品"的地方,放了"不合格品"或是一个被定为放置"垃圾桶"的地方,而放了"产品箱"都可以视为异常。

③ 除了场地、物品的目视化管理之外,对设备、设施则同样要加强目视管理,以避免产生异常。

5. 设定"责任者",加强管理

"责任者"(负责的人)必须以较厚卡片和较粗字体标示,且张贴或悬挂在责任区最明显易见的地方。

6. 配合每日清扫,做设备清洁点检表

① 建立"设备清洁点检表"(根据不同设备制订)。

② 将点检表直接悬挂于"责任者"旁边。

③ 作业人员或责任者,必须认真执行,逐一点检,不随便、不作假。

④ 主管必须不定期复查签字，以示重视。

7．主管随时巡查纠正，巩固成果，有不对的地方，一定要沟通予以纠正

8．开展清洁活动应避免的事项

① 为了应付检查评比搞突击，当时效果不错，过后谁都不愿意继续维持，称为"一阵风"。

② 简单停留在扫干净的认识上，以为只要扫干净就是清洁化，结果除了干净之外，并无其他改善。

③ 清洁化对象只考虑现场的材料和设备方面。

第六节　素养（Shitsuke）

一、素养的概念

1．素养的含义

坚持 5S 的规章制度，养成自觉执行的习惯。

2．素养的目的

① 坚持原则。

② 提倡正面积极的鼓励。

③ 保持人人心情愉悦。

3．特别说明

素养是 6S 的重心，更是企业经营者和各级主管所期待的。因为，若企业里每一位员工都有良好的习惯，并且都能遵守规章制度，那么身为经营者或主管一定非常轻松，工作命令的执行贯彻，现场工艺的执行，推动各项管理工作，都将很容易地贯彻落实下去，并取得成效。

二、继续推动前 4S 活动

① 前 4S 是基本动作、也是手段，主要以此基本动作或手段，来使员工在无形当中养成一种保持整洁的习惯。

② 通过前 4S 的持续实践，可以使员工实际体验"整洁"的作业场所的感受从而养成爱整洁的习惯。

③ 前 4S 没有落实，则第 5S（素养）亦无法达成。

④ 一般而言，4S 活动推动 6～8 个月即可达到"定型化"的地步，但必须认真落实。

⑤ 4S 活动经过一段时间的运作，必须进行检查总结。

三、建立共同遵守的规章制度

1．共同遵守的规章制度

① 厂规厂纪。

② 各项现场作业准则。

③ 操作规程、岗位责任。

④ 生产过程工序控制要点和重点。

⑤ 工艺参数。

⑥ 安全卫生守则。

⑦ 安全、文明生产。

⑧ 服装仪容规定。

⑨ 仪表、仪态、举止、交谈、公司形象。

2．各种规则或约束在制订时，要满足下列条件

① 对公司或管理有帮助。

② 员工乐于接受。

四、各种规章制度目视化

1．目视化的目的

让这些规章制度用眼睛一看就能了解。

2．规章制度目视化的做法

① 订成管理手册。

② 制成图表。

③ 做成标语、看板。

④ 卡片。

⑤ 目视化场所应选择在明显且容易被看见的地点。

五、实施各种教育培训

① 新进人员的教育培训：讲解各种规章制度。

② 对老员工进行新订规章的讲解。

③ 各部门利用班前会、班后会时间进行 5S 教育。

④ 在以上各种教育培训上，做思想动员建立共同的认识。

六、违反规章制度的要及时给予纠正

① 身为主管，见到部属有违反规章制度的行为，要当场予以指正，否则会使部属因没有纠正，而一错再错或把错误当作"可以做"而再做下去。

② 在纠正指责时，切忌客气，客气处理不了事情。

③ 强调因事纠正，而非对人有偏见而指责。

七、受批评指责者立即改正

① 要被纠正者，立即改正或限时改正。

② 杜绝任何借口，如"现在在作业中，所以无法……"等说辞。

③ 要求改正之后，主管必须再做检查，直到完全改正为止。

八、推动各种积极向上的活动

① 班前会、班后会。

② 推动方针政策和目标管理。

③ 推行礼貌活动。

④ 举行适合全体公司员工自主改善的活动。

九、开展修养活动应避免的事项

① 只培训工作上具体操作方法，对规章制度不加任何说明或只是把规章制度贴在墙上，只给看得懂的人看。

② 急于求成，以为两三天的培训教育就能改变人的思想认识。

③ 没有鲜明的奖励制度，或执行过程中因人情因素而大打折扣，人们对规章制度视而不见，好坏不分。

④ 以为教育的责任在于学校，家庭和社会与工厂不相干，工厂只管生产。

第七节　安全（Safety）

平时做事马马虎虎，所造成的安全威胁时刻存在，就像砖头下面的鸡蛋，岌岌可危，如图1-27 所示。

图 1-27　安全警示

一、安全的概念

1．安全的含义

清除隐患，排除险情，预防事故的发生。

2．安全的目的

① 保证员工的人身安全。

② 减少经济损失。

3．特别说明

安全重于泰山，一切生产的前提是以安全为中心，没有安全生产就没有员工的幸福生活。

4．作用

① 防止人身伤亡和财产损失。

② 消除和控制危险因素。

③ 避免设施被破坏。

④ 可避免环境遭到破坏。

⑤ 让员工放心，更好地投入工作。

二、安全的要领

① 落实前面 5S 工作。

② 注重安全培训，培养员工基本安全意识。

③ 制订安全奖惩并严格执行。

④ 开展安全自查工作，暴露安全隐患并整改。

三、安全的步骤

1．制订现场安全作业标准

① 通道、区域线、加工品、材料、搬运车等不可超出线外或压线。

② 物品要按要求放置，不能超过限制高度。

③ 易燃、易爆、有毒、有害物品专区放置、专人管理。

④ 不能在灭火器放置处、消火栓、疏散通道、配电箱附近处放置任何物品，如图 1-28 所示。

图 1-28　灭火器放置处

2．规定员工的着装要求

① 工作服合身，袖口、裤角系紧，无开线，衣扣扣好。

② 工作服不能沾有油污或被打湿（有着火或触电的危险）。

③ 戴好安全帽，穿好安全鞋，按要求戴工作手套。

④ 使用研磨机、砂轮机时要戴上护目镜进行作业。

⑤ 在产生粉尘的环境工作时，使用保护口罩。

⑥ 发现安全装置或保护用具不良时，应立即向负责人报告，立刻加以处理。

3．预防火灾的措施

① 遵守严禁烟火的规定。

② 把锯屑、有油污的破布等易燃物放置于指定的地方。

③ 除特定场所外，未经许可均不得动火。

④ 定期检查公司内的配线，并正确使用保险丝。

⑤ 特别注意在工作后对残火、电器开关、乙炔等的处理，如图 1-29 所示。

4．应急措施

① 常备急救用物品并标明放置位置。

② 指定急救联络方法，写明地址、电话，如图 1-30 所示。

5．日常作业管理

① 定期检查机械、定期加油保养。

② 齿轮、输送带等回转部分加防护套后工作。

图 1-29　禁带火种标记

图 1-30　火警电话

③ 共同作业时，要有固定的沟通信号。

④ 在机械开动时不与人谈话。

⑤ 停电时务必切断开关。

⑥ 故障待修的机器须明确标示。

⑦ 下班后进行机械的清扫、检查、处理时，一定要放在停止位置上。

⑧ 不可用嘴吹清除砂屑。

⑨ 弯腰作业时注意不可弯腰过度。

⑩ 在不使吊着的物品摇晃、回转的状态下加减速度。

⑪ 如果手和工具上沾满油污，一定要完全擦净再进行作业。

⑫ 时刻注意警示标志，以免发生意外，如图 1-31 所示。

6．消防安全管理

① 出口指示灯以部件完整、清洁、会亮为有效。

② 消防器材如有损毁或故障，应立即报请维修部维修。

③ 需报废的消防设施应经行政负责人审核同意后方可报废处理。

④ 使用化学品的车间仓库应准备一定数量的消防砂，消防砂不可用作他用。

⑤ 消防设施的规划配置、安装由行政负责人、安全负责人依相关法规要求确定，并由主管领导批准。

⑥ 由行政负责人制订消防演习计划，并每年举行两次，演习记录用设有日期码的照片进行保存（2 年）。

图 1-31　警示标志

⑦ 厂区范围内按要求配置消防栓和灭火器（每处 2～5 个，厂房每 80m² 一个，库房每 100m² 一个，设有消防栓的，可相应减少 30%）。灭火器设置位置和高度（宜在挂钩、托架或灭火器箱内，其顶部离地高度小于 1.5m，底部离地高度大于 0.15m）应便于取用。

⑧ 消防栓、灭火器、应急灯、指示灯应明确区位，统一编号并附检查卡进行管理，每月由相关负责人保养检查一次，如有任何问题均应立即报告解决，保养检查应有记录（记录保存 1 年）。

⑨ 保养要求

a．灭火器部件完整、清洁、指针在绿灯区无阻碍为有效。

b．消防栓以部件完整、清洁、无阻碍为有效。

c．应急灯以部件完整、清洁、断电会亮为有效。

第二章

6S 管理的推进

第一节　基本原理

虽然 6S 只有普普通通的几个字，但是再简单的事情不认真做，也很难做成。世界上践行 6S 管理的企业很多，但真正做好的没有多少。其实 6S 的核心是"素养"。

整理、整顿、清扫、清洁的对象是"场地"和"物品"。素养的对象则是人，而人是企业或学校最重要的资源。

素养就是提高人的素质，养成严格执行各种规章制度、工作程序和各项作业标准的良好习惯和作风，这是 6S 活动的核心。没有人员素质的提高，各项活动就不能顺利开展，也难以长期坚持下去。所以抓 6S 管理，要始终着眼于提高人员的素质。6S 管理始于素质，也终于素质。

在 6S 活动中，除工矿企业外，学校也应不厌其烦地教育师生做好整理、整顿、清扫工作，其目的不只是希望他们将东西摆好，最主要的是在琐碎单调的动作中，潜移默化，改变他们的思想，使他们养成良好的习惯，进而能依照规定的事项（校纪、校规及各种标准化作业规程等）来行动，变成具有高尚情操的优秀的师生。

6S 是通过推行整理、整顿、清扫来强化管理，再用清洁来巩固效果，通过 6S 来规范师生的行为，通过规范行为来改变师生的工作态度，使之成为习惯，最后达到塑造优秀团队的目的。

所以，推行 6S 应经历三个阶段：形式化→行事化→习惯化，如图 2-1 所示。通过强制规范师生的行为，改变其工作态度，使之成为习惯，这样一切事情都变得非常自然，顺理成章。如果实施得好，甚至很难觉察到它的存在。大家都习惯了，也就习以为常，不觉得有什么特别。

总之，6S 活动使人的素质提高，道德素养提升。

推行 6S 管理有哪些现实理由呢？

我们不妨先对所在工作现场情形先作一下自我诊断，看看在工作中常常会出现哪些情况。

① 急等要的东西找不到，心里特烦。

② 桌面上摆得凌乱，良品、不良品混杂，成品、半成品未很好地区分，作业空间有一种压抑感。

③ 没有用的东西堆了很多，处理掉又舍不得，不处理又占用空间。

④ 工作台面上有一大堆东西，理不清头绪。

⑤ 每次找一件工具，都要花费很长的时间。

⑥ 地面脏污，设施破旧，灯光灰暗，使得员工情绪不佳。

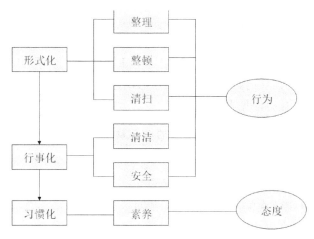

图 2-1 6S 推进原理图

⑦ 现场设备灰尘很厚，长时间未清扫，有用和无用的物品同时存放，活动场所变得很小。

⑧ 现场道路被堵塞，无法通过。

⑨ 作业人员操作姿势和方法不正确。

⑩ 作业人员仪容不整或穿着不整等。

如果每天都被这些小事缠扰，作业人员的情绪就会受到影响，大大降低工作效率。解决上述"症状"的良方就是推行最有效的现场管理工具 6S 管理。

第二节 6S 活动推行步骤

掌握了 6S 的基础知识，尚不具备推行 6S 活动的能力，因推行步骤、方法不当导致 6S 活动事倍功半，甚至中途夭折的事例并不鲜见。因此，通过对本章的学习，掌握正确的步骤、方法是非常重要的。6S 活动推行有以下 11 个步骤。

一、成立推行组织

1. 推行委员会成立
2. 组织职责确定
3. 委员的主要工作
4. 编组及责任区划分
5. 组织构架

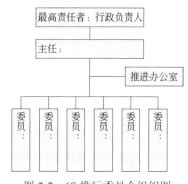

图 2-2 6S 推行委员会组织图

6S 的推进导入，前期要建立组织机构作为核心力量推动 6S 执行。某企业的 6S 推行委员会组织图，如图 2-2 所示。

职责说明。

最高责任者：任命主任，批准 6S 推进计划书，评价 6S 的推进改善成果，是 6S 推行的最终责任者。

主任：负责执行办公室职责，负责委员会的运作、筹划，组织各委员负责具体的推进工作，定期向最高责任者报告推进状况。

委员：推进工作的实施，各部门改善的评价确认。

推行办公室：推行方案的拟订，召集会议的举行与资料的整理，相关活动的筹划、推动，评比分数的统计与公布，组织内部审核。

6. 制订实施办法

实施办法主要由推行委员会制订，制订时注意征求各部门的意见，并吸纳部门人员参与，这样在以后的执行过程中，能够调动各部门人员的主动性。

某企业的 6S 活动实施办法见表 2-1 所示。

表 2-1　某企业的 6S 活动实施办法

<table>
<tr><td align="center">6S 活动实施办法</td></tr>
<tr><td>

一、6S 活动目的

1. 提高工作效率，提高产品质量，降低成本，提高员工素质，确保安全生产。

2. 改善企业内部环境，使企业有一个整洁亮丽的工作场所。

二、6S 活动各级人员责任

（一）6S 委员会

企业成立 6S 委员会。6S 委员会的工作职责，是负责制订 6S 推行文件，及监督 6S 运作；积极参与 6S 运动，给全体同事树立一个良好形象，要现场导入 6S，把 6S 当作日常工作，有持续性、坚持性。

企业成立 6S 推行委员会，人员及职责如下所示。

1. 主任委员：×××，策划整体推进活动，组织各委员负责具体的推进工作，定期向董事长报告推进状况。

2. 执行秘书：×××，负责 6S 相关文件的制作、分发、修改，6S 宣传海报的设计、评比活动的开展等工作。

3. 仓库：×××，负责仓库 6S 工作。

4. 生产部：×××，负责生产部 6S 工作。

5. 品质部：×××，负责品质部 6S 工作。

6. 办公区：×××，负责办公室 6S 工作。

（二）董事长在 6S 活动中的责任

1. 确认 6S 活动是企业管理的基础。

2. 参加 6S 活动有关教育训练与观摩。

3. 以身作则，展示企业推动 6S 的决心。

4. 担任企业 6S 推动组织的领导者。

5. 担任 6S 活动各项会议主席。

6. 仲裁有关 6S 活动检讨问题点。

7. 掌握 6S 活动的各项进度与实施成效。

8. 定期实施 6S 活动的上级诊断或评价工作。

9. 亲自主持各项奖惩活动，并向全员发表精神讲话。

（三）管理人员在 6S 活动中的责任

1. 配合企业政策，全力支持与推行 6S。

2. 参加外界有关 6S 教育训练，吸收 6S 技巧。

3. 研读 6S 活动相关书籍，广泛搜集资料。

4. 部门内 6S 宣传及参与企业 6S 文化宣传活动。

5. 规划部门内工作区域之整理、定位工作。

6. 依企业的 6S 进度表，全面做好整理、定位、画线标示的作业。

7. 协助部属克服 6S 活动中的障碍与困难点。

8. 熟读企业《6S 运动竞赛实施方法》并向部属解释。

9. 必要时，参与企业评分工作。

10. 6S 评分缺点的改善和申述。

11. 督促部属执行定期的清扫点检。

12. 上班后的点名与服装仪容清查，下班前的安全巡查与确保。

（四）员工在 6S 活动中的责任

1. 自己的工作环境要经常整理、整顿，物品、材料及资料不可乱放。

2. 不用的东西要立即处理，不可使其占用作业空间。

3. 通道必须经常保持清洁和畅通。

</td></tr>
</table>

续表

4. 物品、工具及文件等要放置于规定场所。

5. 灭火器、配电盘、开关箱、电动机、冷气机等周围要时刻保持清洁。

6. 物品、设备要仔细地放，正确地放，安全地放，较大较重的物品堆在下层。

7. 保管的工具、设备及所负责的责任区要整理。

8. 纸屑、布屑、材料屑等要集中在规定场所。

9. 不断清扫，保持清洁。

10. 注意上级的指示，并加以配合。

三、6S 活动达标评鉴标准

（一）整理、整顿、清洁

1. 办公室物品和文件资料（30 分）

（1）发现下列情况之一者，扣 30 分。

① 室内物品未实行定置管理，物品摆放杂乱，办公桌上下和抽屉内的物品过多，摆放无序。

② 文件资料未实行分类定置存放，有用的与无用的或长期不用的与经常用的混放在一起，不易查找。

（2）每发现一例下列情况扣 2～5 分，扣完为止。

① 办公设施不整洁或损坏严重。

② 办公室内有与工作无关的物品。

③ 文件夹无标识，或文件夹内无文件目录清单。

④ 导线未集束或杂乱无序。

⑤ 文件柜内外有过时、无用、需销毁的文件。

⑥ 办公桌上放置有非当日用的文件。

2. 办公区通道、门窗、地面、墙壁（20 分）

（1）发现下列情况之一者，扣 20 分。

① 门厅、通道或墙角摆放很多物品。

② 地面有烟头、纸屑、痰迹或其他杂物，很脏乱。

③ 门窗、墙壁、地面、天花板破乱不堪。

（2）每发现一例下列情况扣 2～4 分，扣完为止。

① 室内、楼道、楼梯内光线不足、阴暗，或通风不好，空气有异味。

② 墙壁不整洁、不明亮。

③ 室内各种线不整齐或临时拉设明线。

④ 门窗、墙壁、地面、天花板上有灰尘或污迹。

⑤ 照明设施不亮。

⑥ 乱贴挂不必要的东西。

⑦ 没有挂处（科）室标牌，或标牌不统一，有破损。

3. 作业现场的设备、仪器、工装、工具和物料（30 分）

（1）发现下列情况之一者，扣 20 分。

① 作业现场未实施定置管理，设备、仪器、工具等摆放杂乱。

② 长期不用的物料（超过 1 个月）杂乱摆放在现场。

③ 废弃不能使用的设备、仪器、工装、工具杂乱摆放在现场。

④ 作业现场设备油、液的跑、冒、滴、漏、飞溅问题严重，造成地面大面积脏污。

（2）每发现一例下列情况扣 2～5 分，扣完为止。

① 作业现场有设备油液的跑、冒、滴、漏、飞溅等问题，以及粉尘、飞屑、喷雾等。

② 设备、仪器脏乱，维护保养不及时。

③ 工装、工具检查校准不及时。

④ 工具箱内的工具数量过多。

⑤ 现场有废弃不能使用的设备、仪器、工装、工具。

⑥ 物料摆放时间过长。

4. 作业现场的通道和地面画线（20 分）

（1）发现下列情况之一者，扣 20 分。

① 通道与作业面没有画线区分功能。

② 通道上摆放很多东西，不畅通，或严重不平整。

③ 通道脏乱，有烟头、纸屑、金属屑、油、水或其他杂物。

（2）每发现一例下列情况扣 2～4 分，扣完为止。

① 画线不清楚，或不统一。

② 通道不平整。

③ 可移动设备没有画线定置。

④ 物品摆放超出画线。

5．作业区地面、门窗、墙壁（30 分）

（1）发现下列情况之一者，扣 30 分。

① 地面严重破损、不平整。

② 地面脏乱，有烟头、纸屑、金属屑、油、水或其他杂物。

③ 门窗、墙壁、地面、天花板破乱不堪。

④ 管、线锈蚀、脏污、布置凌乱或有临时拉设的明线。

（2）每发现一例下列情况扣 2～5 分，扣完为止。

① 地面有油污、水渍等。

② 乱挂贴不必要的东西。

③ 管、线有灰尘、污垢。

④ 地面不平整。

⑤ 门窗、墙壁、地面、天花板上有灰尘或污迹。

⑥ 光线不足或空气污浊。

⑦ 废弃管线未及时清除，局部零乱。

6．作业区现场的产品（30 分）

（1）发现下列情况之一者，扣 30 分。

① 不合格品未与合格品隔离，或废品未及时清理出现场，混杂放置，未做标识。

② 产品落地放置，没有防护措施。

（2）每发现一例下列情况扣 2～5 分，扣完为止。

① 不合格品有标识，但未及时与合格品隔离。

② 标识不清楚。

7．作业现场的文件和记录（20 分）

（1）发现下列情况之一者，扣 20 分。

① 现场使用的文件和记录很脏，破损严重，随意放置。

② 过期的文件和正在使用的文件混杂在一起。

③ 不按规定填写记录。

（2）每发现一例下列情况扣 2～4 分，扣完为止。

① 现场有过期不使用的文件。

② 现场使用的文件和记录有破损。

③ 记录填写不全或随意涂改。

8．库房和储物间（30 分）

（1）发现下列情况之一者，扣 30 分。

① 未实施定置管理，物品无序摆放。

② 通道摆满物品，人不易行走。

③ 合格品与不合格品没有标识，混放在一起。

④ 没有定期打扫，很脏乱。

（2）每发现一例下列情况扣 2～5 分，扣完为止。

① 账物卡不相符。

② 合格品与不合格品未严格隔离。

③ 温度、湿度不符合要求。

④ 标识不清楚。

⑤ 物品摆放不整齐。

⑥ 库房和储物间内灰尘多。

9．公共设施（20 分）

（1）发现下列情况之一者，扣 20 分。

① 设备损坏，不能使用，或水箱、水龙头关不上，长流水。

② 公共设施环境卫生无专人负责，肮脏不堪，异味冲鼻。

③ 垃圾到处堆放。

（2）每发现一例下列情况扣 2～4 分，扣完为止。

① 地面有污水、污物和湿滑。

② 门窗、墙壁及管道不整洁。

③ 垃圾散落在垃圾箱外。

④ 门窗、墙壁上乱画乱写。

10．厂（所）区建筑物和物料（30 分）

（1）发现下列情况之一者，扣 30 分。

① 建筑物破旧没有修缮和粉刷。

② 建筑物外面有长期无序堆放的物料或工业垃圾。

（2）每发现一例下列情况扣 2～5 分，扣完为止。

① 建筑物不符合公司视觉系统要求。

② 建筑物外临时堆放有物料或工业垃圾。

③ 建筑物外违规搭建棚库。

④ 建筑物存在残破失修处。

⑤ 建筑物色彩存在不协调。

11．厂（所）区道路和车辆（30 分）

（1）发现下列情况之一者，扣 30 分。

① 道路破损失修，很不平整。

② 非机动车和摩托车等停放在厂房（办公楼）内或通道上。

③ 道路上堆放物料。

④ 厂（所）区内违章行车发生事故。

⑤ 机动车辆车况差，带故障行车。

（2）每发现一例下列情况扣 2～5 分，扣完为止。

① 车辆停放在道路上或其他非规定的地点。

② 厂（所）区内违章行车。

③ 客货车车辆破旧，门窗不完好，或车内地面、坐椅、靠垫不整洁。

④ 厂（所）区内无交通标识牌和标线，或标识牌、标线不清楚。

⑤ 路灯不亮。

⑥ 车棚内有未清理的破旧自行车。

⑦ 车棚打扫不干净，或自行车摆放无序或超出车棚。

12．厂（所）区绿化和卫生（30 分）

（1）发现下列情况之一者，扣 30 分。

① 没有统一的厂（所）区绿化规划，绿化面积未达到可绿化面积的 60%。

② 厂（所）区卫生无专人打扫，绿地无人养护，杂草丛生，路面脏乱。

③ 工业排放物严重超过环保标准，受到当地环保部门的处罚。

（2）每发现一例下列情况扣 2～5 分，扣完为止。

① 清扫不及时，道路、地面上和草地角落、树木丛中有废弃物。

② 道路两旁有裸露土地。

③ 有枯死的花草树木。

④ 绿化面积未达到可绿化面积的 90%。

13．厂（所）区标识系统（20 分）

（1）发现下列情况之一者，扣 20 分。

厂区无任何企业标识系统的内容。

（2）每发现一例下列情况者扣 2～4 分，扣完为止。

① 厂服无企业标识。

② 建筑物、文件或信笺等无企业标识。

③ 宣传品无企业标识。

④ 产品包装不符合要求。

14．厂（所）区文化氛围（20 分）

（1）发现下列情况之一者，扣 20 分。

① 对体现企业使命、发展方针、企业精神、核心价值观、企业作风、质量观等企业理念的标语没有按规定要求进行张贴、悬挂。

② 对企业文化和质量文化未进行宣传贯彻。

（2）每发现一例下列情况扣 2～4 分，扣完为止。

① 悬挂的标语有破损之处。

② 宣传形式单一。

③ 有关人员不了解公司的企业文化和质量文化。

（二）规范达标准则

15．办公室和作业现场规范（40 分）

（1）发现下列情况之一者，扣 40 分。

① 对整理、整顿、清洁的结果未形成规章制度。

② 没有制订 6S 检查、考核和奖惩的制度。

（2）每发现一例下列情况扣 2～5 分，扣完为止。

① 规章制度有不完善之处。

② 没有规章制度执行情况的检查、考核记录。

③ 责任有不落实到人之处。

16．安全生产作业规范（30 分）

（1）发现下列情况之一者，扣 30 分。

① 没有制订安全生产管理制度。

② 没有建立安全生产责任制。

③ 没有建立安全生产管理组织机构。

（2）每发现一例下列情况扣 2～5 分，扣完为止。

① 安全生产管理制度有不完善之处。

② 安全生产责任制未层层落实。

③ 安全生产管理组织机构不健全。

④ 员工违反安全生产操作规程和制度进行操作。

⑤ 未按规定及时对安全生产进行监督检查。

17．6S 培训（20 分）

（1）发现下列情况之一者，扣 20 分。

① 对员工的 6S 培训未形成制度。

② 6S 培训没有当年的培训计划，未进行必要的培训。

（2）每发现一例下列情况扣 2～4 分，扣完为止。

① 制订的培训计划不满足需求。

② 未按计划进行培训。

③ 培训结果未达到预期目标。

（三）素养达标准则

18．行为规范（30 分）

（1）发现下列情况之一者，扣 30 分。

① 因违反工艺纪律、操作规程造成产品不合格或发生事故。

② 发生质量问题或过错时弄虚作假，文过饰非。

（2）每发现一例下列情况扣 2～5 分，扣完为止。

① 上班或开会迟到、早退，或开会交头接耳，打手机。

② 工作拖拉，不能今日事今日毕。

③ 缺乏公德意识，随地吐痰，随手乱扔废弃物。

④ 在不允许抽烟的地方抽烟。

⑤ 发生质量问题不及时处理。

19．团队精神和班组建设（30 分）

（1）发现下列情况之一者，扣 30 分。

① 未开展质量信得过班组活动。

② 未开展质量控制（QC）小组活动和合理化建议活动。

（2）每发现一例下列情况扣 2～5 分，扣完为止。

① QC 小组活动不普遍。

② 不积极参与合理化建议活动。

③ 未参与质量信得过班组活动。

20．服装与仪容（20 分）

（1）发现下列情况之一者，扣 20 分。

① 多人穿着不整洁，不修边幅，或不能按规定穿厂（所）服，佩戴识别牌（证）。

② 多人工作时间在不适合的场所穿拖鞋、背心以及短裤、超短裙等过于暴露的服装。

（2）每发现一例下列情况扣 2～4 分，扣完为止。

① 未按规定穿厂（所）服，或佩戴识别牌（证）。

② 工作时间在不适合的场所穿拖鞋，穿背心以及短裤、超短裙等过于暴露的服装。

21．日常 6S 活动与创新（30 分）

（1）发现下列情况之一者，扣 30 分。

① 没有全面开展 6S 活动。

② 没有推行看板管理和零缺陷管理。

（2）每发现一例下列情况扣 2～5 分，扣完为止。

① 6S 活动缺乏人力、物力或财力资源。

② 6S 活动遇到难题时不能解决。

③ 看板管理和零缺陷管理存在漏洞。

④ 6S 活动成果不显著。

（四）安全达标准则

22．工作现场安全（40 分）

（1）发现下列情况之一者，扣 40 分。

① 当年发生重大安全事故，伤亡人数超过规定标准。

② 工作现场布局不合理，不符合安全标准，安全通道不通，安全、消防设施失效。

（2）每发现一例下列情况扣 2～10 分，扣完为止。

① 特种设备和安全防护、报警监测设施未注册登记，或未按规定进行维护、保养或定期检测。

② 工作现场有害物质超标。

③ 工作现场存在失火、爆炸、毒气或毒液泄露等安全隐患。

④ 未按规定设置安全警示标志或标志破损，模糊不清。

⑤ 员工未按规定穿戴劳动保护服装、鞋、帽、眼镜、手套、扩耳或安全带等。

（五）6S 管理达标评分合格标准

6S 管理达标标准共 22 个小项，评分标准总分值为 600 分。540 分（含）以上为一流 6S 管理水平，480（含）～540 分为合格 6S 管理水平，480 分以下为不符合 6S 管理水平。

四、6S 活动检查及奖惩办法

1．目的

为了使 6S 活动持续有效的运行，特制订本办法。

2. 范围

本办法规定了 6S 活动检查办法的基本规则，适用于本公司所属各区域及相关场所。

3. 检查种类

(1) 企业巡回检查　由企业 6S 推行委员会推行小组进行现场 6S 日常巡回检查。

(2) 责任区域内部检查　由企业各责任区责任人进行现场 6S 日常巡回检查。

(3) 班组自我检查　由各个责任区域内的班组进行现场 6S 日常巡回检查。

4. 检查标准

(1) 6S 推行委员会根据检查对象的工作性质制订相关检查标准。

(2) 根据区域类别分为科室、生产、库房、后勤四类。检查时，各责任区可根据区域内班组的类别参照相关的检查标准。

(3) 根据检查 6S 责任的对象不同，生产类分为车间、班组、员工三个层次。

(4) 检查种类

① 公司 6S 推行小组检查；

② 责任区内部检查；

③ 班组自我检查。

(5) 6S 推行小组、各责任区域、班组可根据工作特点的不同，制订 6S 日常巡回检查表相关内容。

5. 检查方法

(1) 计划制订及人员的构成

① 企业 6S 推行委员会秘书制订并下达每月的 6S 值班计划，每天安排两名值班主任组成 6S 推行小组（再从中产生一名组长）进行值班检查。其小组成员由企业班组长以上管理、技术人员及优秀员工构成。6S 推行小组依据每月企业 6S 值班计划，参照每天检查内容对所划分的责任区域，每天分两次（如 9：00～10：00、16：00～17：00）一起进行全面检查。任何值班主任不得借故缺席，如有特殊情况，可申请他人代为值班，但替代人由其自行协商。对缺席者，6S 推行委员会将无条件扣除值班主任当月 6S 现场绩效 5 分。

② 责任区内部检查由各责任区域负责人自行组织实施，参照相关检查标准每天对所在责任区的班组进行检查。

③ 班组自我检查由班组长组织自行实施，参照相关检查标准对所在责任班组应随时进行检查。

(2) 6S 推行小组在检查时，需佩戴"6S 值班主任"袖章，对检查发现的问题，应明确记录在 6S 巡回检查记录表上，并交由责任班组长或区域负责人加以确认；若遇相关负责人缺勤或否认既成事实，6S 推行小组组长有权判定并形成相关记录。能当场整改的，有权责令其立即纠正；若不能当场整改，应开具 6S 整改通知书限期整改；同时 6S 推行委员会在编制 6S 检查内容时，将其列为检查项目，加以跟踪监督。责任区内部检查及班组自我检查可参照 6S 推行小组的检查办法。

(3) 6S 推行小组的值班主任于次日上班后 15 分钟内，将形成结果的检查表上报到企业 6S 推行委员会秘书处汇总。6S 推行委员会秘书将前一天巡查的问题、责任区域、责任人、值班主任、检查得分、整改状况等情况加以统计或汇总，每天定时通过公布栏加以公示。责任区内部检查及各班组自我检查亦可参照同样办法在现场看板上予以公示。

(4) 6S 检查得分作为各责任区责任人每月绩效考核表中的 6S 得分，责任区内部检查月均分作为各班组长每月绩效考核表中的 6S 得分，班组内部检查月均分作为员工每月绩效考核表中的 6S 得分。6S 推行小组在进行检查时，每位值班主任每天发现问题应不少于 5 个，并对两个以上的责任区域进行处罚，否则 6S 推行委员会将无条件扣除值班主任当月 6S 现场绩效 5 分。责任区内部检查及各班组自我检查亦可参照同样办法。

6. 申诉

任何被检查人或单位如对 6S 检查结果有异议，可向企业 6S 推行委员会进行申诉，由主任委员最后裁决，但不得借故向值班主任作无休止的纠缠，企业 6S 推行委员会将对违者处以 200 元/次的处罚。

7. 奖惩措施

(1) 奖惩以 6S 推行小组巡查的平均得分为准，以"月"为单位分别加以统计进行奖惩。奖金由主任委员或企业领导颁发。

(2) 对在企业巡查活动中工作表现突出的区域、班组，6S 推行委员会根据各区域、各班组的问题汇总数进行集体评议，授予"6S 先进集体"锦旗一面，并发给相应的奖金。奖金按（30 元×n），n 为区域内员工人数；对工作表现落后的班组，悬挂"6S 加油队"黄旗，意在鞭策和促进。

(3) 对在企业检查活动中工作表现突出的值班主任，经 6S 推行委员会集体评议，授予"6S 优秀值班主任"荣誉，并发给奖金 100 元。

(4) 部门内部检查的奖惩事项由本部门自行制订，并报企业 6S 推行委员会备案。

(5) 对检查中所暴露的问题，推行委员会将汇总分发给有关单位进行限期整改，一次不改的将对责任人处以罚款 20 元，两次不改的将对责任人处以罚款 50 元，连续三次不改或整改效果不明显的，将对责任人和当事人处以罚款 500 元。

二、拟定推行方针及目标

1．方针制订

推行 6S 活动时，制订方针作为导入活动的指导原则。

例一：告别昨日，挑战自我，塑造企业新形象。

例二：闪闪发光的设备、文明进取的员工。

例三：通过 6S 活动，造就充满活力的现场。

方针的制订要结合企业具体情况，要有号召力。方针一旦制订，要广为宣传。

2．期望目标

目标制订应先予设定期望之目标，作为活动努力的方向及便于活动过程中的成果检讨。

例一：增加可使用面积 20%。

例二：通道被占用次数降到每月 3 次以下。

例三：有来宾到厂参观，不必事先临时做准备。

目标的制订也要同企业的具体情况相结合，比如，企业场所紧张，但现状摆放凌乱，空间未有效利用，应该将增加可使用面积作为目标之一。

三、拟订工作计划及实施方法

（1）拟订大日程计划作为推行及控制的依据，见表 2-2 所示。

表 2-2　6S 管理体系持续推行计划表

步骤	项目	推行计划											
		1周	2周	3周	4周	5周	6周	7周	8周	9周	10周	11周	后续
1．6S 管理推行准备	1.1 确定 6S 管理推行负责人和小组，并修改相关的 6S 实施文件	■											
	1.2 各副主任负责提交各小组的责任区域图，以及提交 6S 所有待其他部门或者上级部门解决的问题清单		■										
	1.3 全厂新员工培训及培训测试；6S 宣传	■											
2．6S 管理推行	2.1 各部门开始实施整理并提交整理清单			■									
	2.2 各部门确定清扫责任区，具体落实到每一个人，并实施清扫			■									
	2.3 各部门实施整顿（目视管理）												
	2.4 各部门实施清洁				■								
	2.5 全厂 6S 管理开始实施评比												

续表

步骤	项目	推行计划										
		1 周	2 周	3 周	4 周	5 周	6 周	7 周	8 周	9 周	10 周	11 周	后续
3. 6S 管理的维持	3.1 每月由 6S 管理委员会主任抽取部分车间或部门进行评比，对前两名给予奖励												
	3.2 由行政部将 6S 培训内容纳入新员工培训项目之中，每个月对新进员工组织一次培训												

（2）收集资料及借鉴他厂做法。

（3）制订 6S 活动实施办法。

（4）制订要与不要的物品区分方法。

（5）制订 6S 活动评比的方法。

（6）制订 6S 活动奖惩办法。

（7）其他相关规定（6S 时间等）。

大的工作一定要有计划，以便大家对整个过程有一个整体的了解。项目责任者清楚自己及其他担当者的工作是什么及何时要完成，相互配合，造就一种团队作战精神。

四、教育

1. 每个部门对全员进行教育

（1）6S 的内容及目的。

（2）6S 的实施方法。

（3）6S 的评比方法。

培训教育计划，见表 2-3 所示。

表 2-3 6S 培训教育计划

序号	内容	项目	目标值	对象	确认 时间（理论）	审查 时间（现场）	作成 考核
1	6S 知识培训	1. 6S 的起源和适用范围 2. 6S 的定义 3. 6S 的作用 4. 6S 的实施方法 5. 6S 考核方法	考核成绩 90 分以上（100 分制）为合格	即将参加实训的学生	即将参加实训前一周。课时：2 课时	即将参加实训前一周。课时：2 课时	即将参加实训前一周。课时：1 课时
2	6S 活动步骤	1. 成立推进组织机构 2. 推进成员集中学习 3. 设定 6S 样板区 4. 推进成员进行现场诊断 5. 推进小组开展改进活动 6. 样板区员工开展改进活动 7. 确认活动	100% 理解并能实施	管理人员			

2．新进员工的 6S 训练

教育是非常重要的，要让员工了解 6S 活动能给工作及自己带来好处从而主动地去做，与被别人强迫着去做其效果是完全不同的。教育形式要多样化，讲课、放录像、学习推行手册等方式均可视情况加以使用。

五、活动前的宣传造势

6S 活动要全员重视、参与才能取得良好的效果。

（1）最高主管发表宣言（晨会、内部报刊等）。

（2）海报、内部报刊宣传。

（3）宣传栏。

六、实施

（1）前期作业准备。

① 方法说明会。

② 道具准备。

（2）工厂"洗澡"运动（全体上下彻底大扫除）。

（3）建立地面画线及物品标志标准。

（4）"三定"、"三要素"展开如图 2-3 所示。

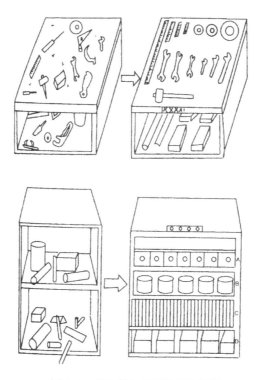

图 2-3 "三定""三要素"实例

三要素指放置场所、放置方法、标示方法。三定指定点、定量、定容。

（5）定点摄影，如图 2-4 所示。

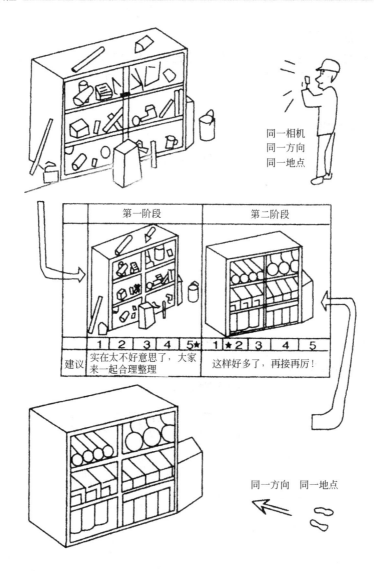

图 2-4　定点摄影

定点摄影的方案及推行方法，见表 2-4 所示。

表 2-4　定点摄影的方案及推行方法

定点摄影方案及推行方法

一、目的

为搞好企业 6S 管理工作，发现车间或仓库存在的不合理现象，特制订此方法。

二、原则

（1）实行全体员工监督原则。

（2）不罚款原则。

（3）坚持到底、彻底改善原则。

三、方法

1. 在每个星期内，每次在每个车间或仓库内选定两个不合乎 6S 管理的区域进行摄影，并将其公布在企业的公告栏上，同时注明是哪个车间，车间主管（负责人）是谁，并标注改进期限。另外，在选定的地点上挂上红牌，让全体员工监督其改善情况。

续表

2．红牌示例
改进通知单

编号：		年　　月　　日	
填单人			
责任部门			
贴示地点			
改善事项			
未定位		不清洁	
未区分		不安全	
未定量		不需要	
其他			
改进期限		____日内	

3．在随后的一个星期中，在同一地点再次摄影，同样将其公布在公告栏上，并注明是哪一个车间，车间主管（负责人）是谁。

4．对同一地点一次改善彻底的，给予其车间主管全厂通报表扬；对同一地点改善不好、改善力度不够的或寻找借口的，给予其车间主管全厂通报批评。直至此点按照 6S 的标准整理好为止，方可撤销通报批评。

5．在以后的每个星期内，另选地点进行定点摄影，按照以上方法反复进行。

6．在开展 6S 管理期间，对自我主动改善好或积极配合改善的车间或仓库，同样摄影并给予公布表扬。

某企业的摄影案例见表 2-5 所示。

表 2-5　定点摄影图表

部门：　　　　　　部门负责人姓名：　　　　　　现场责任人姓名：

阶段	照片	摄影日期	评分	建议
第一阶段		4.15	0	1．处理一些无用的物品 2．进行整顿 3．制作文件一览表

续表

阶段	照片	摄影日期	评分	建议
第二阶段		4.25	4	文件夹背脊标签要统一，最好用颜色划线显示，使之容易放、容易找
第三阶段				
第四阶段				

（6）做成《6S 日常确认表》及实施。

（7）红牌作战。

七、活动评比办法确定

（1）加权系数。

① 困难系数。

② 人数系数。

③ 面积系数。

④ 素养系数。

（2）考核评分法。

八、查核

（1）现场查核。

（2）6S 问题点质疑、解答。

（3）举办各种活动及比赛（如征文活动等）。

九、评比及奖惩

依 6S 活动竞赛办法进行评比，公布成绩，以某企业为例，说明一下奖惩办法，见表 2-6 所示。

表 2-6　某企业奖惩制度

1.6S 活动奖惩之目的在于鼓励先进、鞭策后进，形成全面推进的良好气氛。奖惩的具体实施应以促进 6S 工作进展为中心，不以惩罚为目的。 　2. 竞赛以"月"为单位考核，以阶段评比竞赛，取前 2 名，发给红色锦旗，最后 1 名发给黄色锦旗，以作警示和鞭策。 　3. 6S 评比纳入职工成绩考核，具体办法见考核方案。 　4. 6S 继续推展和延伸期间每月开展一次检查评分。 　5. 锦旗颁发于次月第一周会，由行政负责人主持。 　6. 竞赛成绩，将作为人事考核的项目之一。

十、检讨与修正

6S 管理推行的第十个步骤是检讨、修正进而总结提高。问题是永远存在的，每次考核都会遇到问题。因此，6S 管理是一个永无休止、不断提高的过程。随着 6S 管理水平的提高，可以适当修改和调整考核的标准，逐步加严考核标准。此外，还可以增加一些质量控制（QC）与工业工程（IE）工程改善的内容，这样就能使企业的 6S 管理水平达到更高层次。

十一、纳入定期管理活动

（1）标准化、制度化的完善。

（2）实施各种 6S 强化月活动，如图 2-5 所示。

通过几个月、甚至一年的 6S 管理推行，逐步实施 6S 管理的前十个步骤，促使 6S 管理逐渐走向正规之后，此时就要考虑将 6S 纳入定期管理活动之中。例如，可以导入一些 6S 管理加强月，包括红牌作战月、目视管理月（图 2-5）等。每三个月进行一次红牌作战，每三个月或半年进行一次目视管理月。通过这些好的方法，可以使企业的 6S 管理得到巩固和提高。

需要强调的一点是，企业因其背景、架构、企业文化、人员素质的不同，推行时可能会有各种不同的问题出现，推行部门要根据实施过程中所遇到的具体问题，采取可行的对策，才能取得满意的效果。

6S 推进步骤可简单用下图表示，如图 2-6 所示。

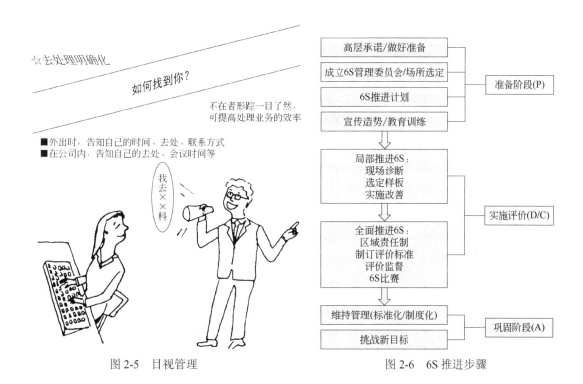

图 2-5　目视管理　　　　　　　　　　　　图 2-6　6S 推进步骤

第三节 推进方法

一、前期准备

1. 制作样板区域牌

样板区域验收合格后，进行授牌用，如图 2-7 所示。

2. 制作各种标识牌

（1）工具柜标识 可采用不干胶贴，耐脏可写字，数量若干，如图 2-8 所示。

6S	
责任人：	
类别： 1. _____	
2. _____	
3. _____	
4. _____	

图 2-7 样板区域牌   图 2-8 标识牌

（2）6S 定点定量标签，如图 2-9 所示。

6S	
品名	规格
安全/最大库存	

6S	
品名	规格
数量	

图 2-9 6S 定点定量标签

3. 制作公司 6S 宣传栏

在厂区醒目位置，放置宣传栏，进行 6S 宣传。要求宣传栏便于更新，有防雨防晒措施，如图 2-10 所示。

4. 油漆或颜色胶带

根据企业的地面和生产形态，用彩色的油漆或胶带做区域规划、定位线使用。

二、宣传攻势

相关准备逐步到位，这时进行大规模的宣传造势是个好办法。

初期宣传最少要做以下工作。

① 发布文件，全员学习。

② 学习 6S 方面书籍。

图 2-10 6S 宣传栏

③ 全员考试。

④ 制作宣传看板。

⑤ 确定 6S 的推行方针口号、标语。

三、样板先行

首先选择建设好的 6S 推行样板区，6S 推行初期，积累经验后再全面展开，做到以点带面，保证 6S 的开展深度，也提高成功率。所以推行 6S 时，就最好从样板区开始。

选择确定样板区应考虑以下因素：硬件条件差，或者基础差、问题多的区域；有代表性、推广时有借鉴意义的区域；部门负责人积极性高，有能力推动；区域相对独立，责任人明确；整改工作量适度，人手较充分，能够短期见效。

进行样板区的整改活动时，是针对整理、整顿和清扫这 3 个"S"来开展的，若没有先例执行过，需要推行人员对每一项工作进行具体指导。这个时期，利用整改单《6S 项目改善一览表》的形式较为方便，见表 2-7 所示。

表 2-7　6S 项目改善一览表

问题项	建议改善内容	希望完成日	责任人	完成状况			
				P	D	C	A
				P	D	C	A
				P	D	C	A
				P	D	C	A
				P	D	C	A
				P	D	C	A
				P	D	C	A
				P	D	C	A
				P	D	C	A
				P	D	C	A

注：P 为已经安排；D 为开始实施；C 为进行了检查；A 为达到了检查标准。请按实际进度画上〇。

样板区建设好以后，由企业最高负责人带头，组织全厂干部、员工代表、积极分子等人员进行观摩，观摩的目的主要有：明确企业的态度和决心，打消部分人的疑虑和观望态度；作为企业如何推行 6S、做得怎样的一次现场学习会，干部在样板区学习借鉴一些好方法，再到自己负责的区域推行；对样板区进行正确的评价，肯定成绩，提出不足，继续改善，使其真正成为企业的榜样示范。

参与人数以 5～40 人为宜，高层领导要参与，必要时担当领队等职位，规划好参观路线，确定负责解说的员工（通常是改善者），做好解说准备；准备需要介绍的事例，必要时在现场展示改善前后图片；高层领导应该对改善成果表示关注和肯定，并在各种场合有所表达。

四、教育培训

作为推进组织，首要任务是把全体成员培养教育好，评价这个组织是否成功，不是看它做了多少事，而是看大家做得怎么样。教育培训有 4 步，分别是制订培训计划（Plan）、教育培训（Do）、考核检查（Check）、总结经验（Action）。

某企业考核试题见表 2-8 所示。

表 2-8　某企业 6S 考核试题

6S 知识测试题

（全员适用）

考试时间：90 分钟

姓名：_____　部门：_____　工号：_____　得分：_____

一、填空（每空 2 分，共 44 分）

1. 6S 的八大作用是：_____。

2. 只有整理没有_____，寻找物件仍难找到；只有整顿没有整理，结果仍处于_____。

3. 6S 应理解为是通过_____、_____、_____、_____、安全，从而达到作为最终目的的。

4. _____是维护整理、整顿、清扫的结果。

5. 零件、消耗品、夹具不按规定放置属 6S 中的_____问题；而清扫是维持的手段。

6. 私人物品在作业区内出现属_____问题，上班拖着工鞋、穿牛仔裤、在厂区吸烟则属于_____问题。

7. 6S 中素养其实属于 6S 活动的每一个动作之中，比如："对垃圾进行处理"属_____问题；把垃圾倒在指定的地方则属_____问题；而"对垃圾进行处理"的方法便是"倒在指定地方"。

二、判断题（对的画"√"，错的画"×"，共 12 分）

1. 必需品是指经常使用的物品，一个月使用一次的物品也可称为必需品。（　　）

2. 柜门紧锁和 6S 的精神是相违背的，要做到素养高，一切都必须是公开状态。（　　）

3. 6S 能使客户和投资者满意，但雇员不一定满意，因为他们要付出很多劳动。（　　）

4. 6S 做得越好，企业的效益也会越好，自己也可从中受益。（　　）

5. 所谓整顿，是指将必需品放于本部门所有人都能立即取到的状态。（　　）

6. 6S 实施一旦开始，就不能中途停止。（　　）

三、列举题（要求：不得雷同，列对 4 项以内不得分，列对 5 项得 1 分，以后每多列一项加 1 分。每小题 6 分，共 12 分）

1. 列举 10 项本部门常见的 6S 不良点（每 S 列举 2 点，并逐点写出改善对策）。

2. 列举出 10 项工场内需定期进行清洗擦拭的项目。

四、简述（每题 10 分，共 20 分）

1. 在整改工场（办公区）前，必须先进行整理，整理后会惊讶地发现工场（办公区）如此宽敞，写出因缺乏整顿而产生的浪费。

2. 你正在工作，在没有规划区域的地方放置了一些并不妨碍他人的物品。这样对吗？应怎样改正？ 而这时你又有一项工作需处理（不急），而一时又无适当的地方放置这些物品。你该怎么办？

五、论述题（12 分）

有人指出：品质才是企业的生命，如果没有把产品质量搞好，我们公司即使实施 6S 也是不行的，你认为这说法对吗？为什么？

五、现场巡视

在工作现场，由于每个人都有自己的工作任务，都非常忙碌。让每个人都时时刻刻自觉遵守 6S 有一定难度。所以必须经常进行一些 6S 现场巡察评价，创造一个持续改善的良好工作环境。

6S 推进组织应定期（每周至少一次）巡察现场，把握现场状况，跟进不符合事项的改善进度。现场巡察要态度严肃认真，重视，抱着解决问题的心态，而非炫耀权力；注意精简巡检人员，不要前呼后拥，虚张声势；让每个人找问题，提出自己的看法，对好的地方要肯定表扬，不好的地方要毫不留情指出；屡次指出却没改善的要严厉批评并限期改正；对基层提出的意见、建议、请求要一一记录，迅速解决问题，并及时反馈；最后，对问题点发出《6S 问题改善通知书》，并跟踪改善。6S 改善通知书示例见表 2-9 所示。

表 2-9　6S 改善通知书

日期：　　　　区域：　　　　相关部门：		
类型：□初发　□再发　　　级别：□严重　□一般		
问题点与现象描述：	承认	做成
改善期限：　　　　责任人：		

现场 6S 巡视检查项目及标准见表 2-10 所示。

表 2-10　现场 6S 巡视检查项目及标准

序号	检查项目	检查内容	分值	评分
1	地面标识	地面通道有标识	1.5	
		地面通道标识明确	1	
		地面涂层没有损坏	1	
2	工位器具	工位器具上无灰尘、油污、垃圾等	1.5	
		工位器具上存放的零件与工位器具相符合	1.5	

续表

序号	检查项目	检查内容	分值	评分
2	工位器具	现场无损坏的工位器具	1	
		工位器具上存放的零件数与工位器具设计存放零件数相符	1	
		工位器具上存放的零件按存放要求存放	1	
		工位器具摆放整齐	1.5	
3	零件	零件放置于工位器具上，无直接放于地面的情况	1.5	
		非工位上的零件的检验状态有标识	1.5	
		工位上的不合格件有明显标识	1.5	
		生产车间现场的不合格件在规定 3 日内得到处理	1.5	
		应拆包装上线的零件有拆包装上线	1	
4	工作角	班组园地内的桌椅清洁	1	
		工作角内的物品摆放整齐	1.5	
		工作角内的物品损坏及时修理	1	
		班组园地使用的桌椅放于工作角	1	
5	目视板	班组有目视板	1.5	
		目视板表面干净，无灰尘、污垢、擦拭不干净的情况	1	
		目视板完好无损	1	
		目视板牌面整洁，塑料袋完好无损，有破损时及时更换	1.5	
		目视板有栏目，内容丰富	1	
		目视板牌面信息合宜，及时更换	1.5	
		目视板有责任人	1	
		目视板定置或放于规定位置	1.5	
		部门及车间有目视板台账	1	
6	工具箱	工具箱清洁	1.5	
		工具箱上或下无杂物	1	
		工具箱内有物品清单并与物单相符	1.5	
		箱中物品摆放整齐，取用方便	1.5	
		工具箱损坏及时修理	1	
7	厂房内空间	窗台、窗户玻璃干净，无灰尘、蛛网等	1.5	
		厂房墙壁、立柱上无乱贴、乱画或陈旧标语痕迹	1	
		厂房四壁干净，无积灰	1	
		厂房内无漏雨或渗水	1	
		厂房内物流通道、安全通道畅通无阻	1.5	
8	现场区划	定置线内有定置物	1	
		现场设置不同状态件存放区域或区域有标识、标识明确	1.5	
		现场存放的件与区域标识一致	1	
9	垃圾及清运	工位上的包装垃圾放于指定的垃圾箱内	1.5	
		垃圾箱（桶）内垃圾在限度范围内	1	
		垃圾箱放于规定的位置	1.5	
		工业垃圾和生活垃圾分开存放	1.5	

续表

序号	检查项目	检查内容	分值	评分
10	工艺文件	无过期的或者不必要的文件	1.5	
		文件按规定的位置摆放	1	
		文件摆放整齐	1	
		文件清洁，无灰尘、脏污	1	
		文件完整，无撕裂和损坏现象	1.5	
11	设备	设备没有损坏或松动	1.5	
		设备按规定位置存放	1.5	
		设备干净，无漏油现象	1	
		设备上无杂物	1	
12	工作台	工作台清洁，无积尘、油污	1.5	
		工作台按规定位置摆放	1	
		工作台上物品摆放整齐	1.5	
		工作台没有杂物	1	
13	库房	库房有定置图	1	
		物资按定置图规定定置摆放	1.5	
		物资有标识且标识明确	1	
		物资摆放整齐	1	
		物资摆放在规定的架、箱、柜、盘等专用或通用器具上	1.5	
		仓储物资清洁，无积尘或蜘蛛网	1	
14	工装	工装的使用和保存方法正确	1.5	
		工装放在指定的位置	1	
		工装清洁，无脏痕	1	
		工装没有损坏	1.5	
		工装上无杂物	1	
15	照明	照明设备干净，无积尘	1.5	
		照明设备完好无损	1	
16	水、电、气等各种线管	使用过程中，无污脏	1	
		无跑、冒、滴、漏等损坏或连接松动	1	
17	生活卫生设施	更衣室整洁，无污脏	1	
		更衣室内物品按规定位置有序摆放	1	
		卫生间清洁，无异味	1	
		洗手池清洁，无异味、污垢等	1	
		卫生间内无杂物	1	
		清洁用具放于指定的位置	1	
18	人员素养	员工现场无打闹现象，举止文明	1.5	
		员工说话有礼貌，语言文明	1.5	
		遵守工艺规程，按操作规程操作	1	
		按规定佩戴劳保用品	1.5	

注：评分时完全达标得满分；不符合项出现一处扣 1 分，扣完为止。

办公室巡察判定二十条见表 2-11 所示。

表 2-11　办公室巡察判定二十条

区域	判定重点
办公公台室面	1. 文件、资料是否参差不齐、歪斜、凌乱
	2. 办公台上是否只放置每日最低限度内的用品
台下	3. 除垃圾桶外是否堆放有其他物品或没标识
	4. 个人用的垃圾桶是否露出台外，未倾倒或是否没规划区域
	5. 地面是否有垃圾及碎粒
办公椅	6. 椅套是否有污迹、黑垢
	7. 人离开办公台，办公椅是否没推至台下或未呈水平放置
	8. 办公椅、办公台是否有污迹、灰尘
文件柜	9. 柜面是否有污迹、灰尘
	10. 柜外是否不按要求标识
	11. 同一部门的文件夹外是否不统一
	12. 文件夹内是否没有台账或不能按台账准确取出
人员	13. 是否有拖（脱）工鞋的现象或工鞋有黑垢
	14. 是否有不打领带或穿休闲服的现象
	15. 是否有没有扣上的扣子或有扣子脱落、衣领上是否有黑垢
	16. 是否有在办公区（室）吸烟的现象
电脑	17. 是否有灰尘或污迹
	18. 电脑线是否没束起或很凌乱
电话	19. 电话线是否有灰尘或凌乱
其他	20. 白板是否有过期的内容或灰尘

作业区巡视项目见表 2-12 所示。

表 2-12　作业区巡视项目

项目	序号	标准内容	扣分
地面	1.	地面物品摆放有定位、标识、合理的容器	1.5
	2.	地面应无污染（积水、油污、油漆等）	1.5
	3.	地面应无不要物、杂物和卫生死角	1.5
	4.	地面区域划分合理，区域线、标识清晰无剥落	1.5
	5.	应保证物品存放于定位区域内，无压线	1.5
	6.	安全警示区划分清晰，有明显警示标志，悬挂符合规定	1.5
	7.	地面的安全隐患处（突出物、地坑等）应有防范或警示措施	1.5
	8.	开关、控制面板标识清晰，控制对象明确	1.5
设备、仪器、仪表、阀门	9.	设备仪器保持干净，摆放整齐，无多余物	1.5
	10.	设备仪器明责任人员，坚持日常点检，有必要的记录，确保记录清晰、正确	1.5
	11.	应保证处于正常使用状态，非正常状态应有明显标识	1.5
	12.	危险部位有警示和防护措施	1.5
	13.	设备阀门标识明确	1.5
	14.	仪表表盘干净清晰，有必要的正常范围标识	1.5

续表

项目	序号	标准内容	扣分
材料、物料	15. 放置区域合理划分，使用容器合理，标识明确		1.5
	16. 各种原材料、半成品、成品应整齐码放于定位区内		1.5
	17. 不合格品应分类码放于不合格品区，并有明显的标识		1.5
	18. 物料、半成品及产品上无积尘、杂物、脏污		1.5
	19. 零件及物料无散落地面		1.5
容器、货架	20. 容器、货架等应保持干净，物品分类定位摆放整齐		1.5
	21. 存放标识清楚，标志向外		1.5
	22. 容器、货架本身标识明确，无过期及残余标识		1.5
	23. 容器、货架无破损及严重变形		1.5
	24. 危险容器搬运应安全		1.5
叉车、电瓶车、拖车	25. 定位停放，停放区域划分明确，标识清楚		1.5
	26. 应有部门标识和编号		1.5
	27. 应保持干净及安全使用性		1.5
	28. 应有责任人及日常点检记录		1.5
工具箱、柜	29. 柜面标识明确，与柜内分类对应		1.5
	30. 柜内工具分类摆放，明确品名、规格、数量		1.5
	31. 有合理的容器和摆放方式		1.5
	32. 各类工具应保持完好、清洁，保证使用性		1.5
	33. 各类工具使用后及时归位		1.5
	34. 柜顶无杂物，柜身保持清洁		1.5
工作台、凳、梯	35. 上面物品摆放整齐、安全，无不要物和非工作用品		1.5
	36. 保持正常状态并整洁干净		1.5
	37. 非工作状态时按规定位置摆放（归位）		1.5
清洁用具、清洁车	38. 定位合理不堆放，标识明确，及时归位		1.5
	39. 清洁用具本身干净整洁		1.5
	40. 垃圾不超出容器口		1.5
	41. 抹布等应定位，不可直接挂在暖气管上		1.5
暂放物	42. 不在暂放区的暂放物需有暂放标识		1.5
	43. 暂放区的暂放物应摆放整齐、干净		1.5
呆料	44. 有明确的摆放区域，并予以分隔		1.5
	45. 应有明显标识		1.5
	46. 做好防尘及清扫工作，保证干净及原状态		1.5
油桶、油类	47. 有明确的摆放区域，分类定位，标识明确		1.5
	48. 按要求摆放整齐，加油器具定位放置，标识明确，防止混用		1.5
	49. 油桶、油类的存放区应有隔离防污措施		1.5
危险品（易燃有毒等）	50. 有明确的摆放区域，分类定位，标识明确		1.5
	51. 隔离摆放，远离火源，并有专人管理		1.5
	52. 有明显的警示标识		1.5
	53. 非使用时应存放于指定区域内		1.5

续表

项目	序号	标准内容	扣分
通道	54. 通道划分明确，保持通畅，无障碍物，不占道		1.5
	55. 两侧物品不超过通道线		1.5
	56. 占用通道的工具、物品应及时清理或移走		1.5
	57. 通道线及标识保持清晰、完整		1.5
墙身	58. 墙身、护墙板及时修复，无破损		1.5
	59. 保持干净，没有剥落及不要物，无蜘蛛网、积尘		1.5
	60. 贴挂墙身的各种物品应整齐合理，表单通知归入公告栏		1.5
	61. 墙身保持干净，无不要物（如过期标语、封条等）		1.5
	62. 主要区域、房间应有标识铭牌或布局图		1.5
	63. 生产现场应无隔断遮挡、自建房中房等		1.5
资料、标识牌	64. 应有固定的摆放位置，标识明确		1.5
	65. 作业指导书、记录、标识牌等挂放或摆放整齐、牢固、干净		1.5
	66. 标牌、资料记录正确，具有可参考性		1.5
	67. 组长以上管理人员应建立《6S 专用文件夹》，保存主要的 6S 活动资料文件		1.5
宣传栏、看板	68. 主要班组应有看板（如"班组园地"、"管理看板"等）		1.5
	69. 干净并定期更换，无过期公告，明确责任人		1.5
	70. 版面设置美观、大方，标题明确，内容充实		1.5
桌面	71. 现场桌面无杂物、报纸杂志		1.5
	72. 物品摆放有明确位置、不拥挤凌乱		1.5
	73. 桌面干净、无明显破损		1.5
	74. 玻璃下压物尽量减少并放整齐，不压日历、电话表以外的资料		1.5
电器、电线、开关、电灯	75. 开关须有控制对象标识，无安全隐患		1.5
	76. 保持干净		1.5
	77. 电线布局合理整齐、无安全隐患（如裸线、上挂物等）		1.5
	78. 电器检修时需有警示标识		1.5
消防器材	79. 摆放位置明显，标识清楚		1.5
	80. 位置设置合理，有红色警示线，线内无障碍物		1.5
	81. 状态完好，按要求摆放，干净整齐		1.5
	82. 有责任人及定期点检		1.5
辅助设施	83. 风扇、照明灯、空调等按要求放置，清洁无杂物，无安全隐患		1.5
	84. 日用电器无人时应关掉，无浪费现象		1.5
	85. 门窗及玻璃等各种公共设施干净无杂物		1.5
	86. 废弃设备及电器应标识状态，及时清理		1.5
	87. 保持设施完好、干净		1.5
	88. 暖气片及管道上不得放杂物		1.5
着装及劳保用品	89. 劳保用品明确定位，整齐摆放，分类标识		1.5
	90. 按规定要求穿戴工作服，着装整齐、整洁		1.5
	91. 按规定穿戴好面罩、安全帽等防护用品		1.5
	92. 晾衣应有专门区域，合理设置，不影响工作及房间美观		1.5

续表

项目	序号	标准内容	扣分
规章制度	93. 工作时间不得睡觉、打瞌睡		1.5
	94. 无聚集闲谈、吃零食和大声喧哗		1.5
	95. 不看与工作无关的书籍、报纸、杂志		1.5
	96. 不得吸烟		1.5
	97. 配合企业 6S 活动，尊重检查指导人员，态度积极主动		1.5
	98. 要求员工对 6S 活动的宣传口号、意义、基本知识有正确认识，能够表述		1.5
	99. 没有擅自串岗、离岗		1.5
	100. 组长以上管理人员应建立《6S 专用文件夹》，保存主要的 6S 活动资料文件		1.5
	101. 工作区域的 6S 责任人划分清楚，无不明责任的区域		1.5
	102. 《6S 区域清扫责任表》和点检表要按时、准确填写，不超前、不落后，保证与实际情况相符		1.5
	103. 单位应制订本单位"6S 员工考核制度"，并切实执行，保存必要记录		1.5
	104. 单位应有"6S 宣传栏（或园地）"，有专人负责，定期更换，并保存记录		1.5
	105. 经常对员工进行 6S 知识的宣传教育，并有记录		1.5
	106. 履行晨会制度		1.5
	107. 按《礼貌运动推行办法》教育员工，要求员工待人有礼有节，不说脏话，做文明礼貌人		1.5
	108. 要求员工对 6S 活动的口号、意义、基本知识有正确认识，能够表述		1.5
生活用品、私人物品	109. 定位标识，整齐摆放，公私物品分开		1.5
	110. 水壶、水杯按要求摆放整齐，保持干净		1.5
	111. 毛巾、洗漱用品、鞋袜等按要求摆放整齐，保持干净		1.5
加减分	112. 同一问题重复出现，重复扣分		2
	113. 发现未实施整理整顿清扫的"6S 实施死角区域"1 处		10
	114. 有突出成绩的事项（如创意），视情况加分		

六、评比考核

在 6S 的整个推进过程中，要特别注意及时总结报告，让公司全员及时把握工作进度，高层正确决策，基层对 6S 获得新的理解，形成新的推进动力。评比可以根据不同的生产形态，将公司各部门分为 2～3 类：如作业区、科研区、办公区等。学校可分为宿舍、班级、实训厂、实验室和办公室等。

然后分别制订相应的评分标准，在同类部门之间进行竞赛。同类部门之间，因为基础、面积、人数、人员教育程度等方面往往存在较大差异，为了公平起见，可以通过加权系数等方法进行调整。

1. 调整方法

实得分数="6S 评分表"所得分数×加权系数

2. 6S 各项加权考虑及系数赋予

基本方法：设定基准参数（一般在 0.90～1.10），采用比较法确定相应系数。

K_1：整理、整顿困难度系数

主要考虑责任区域设备物品的多少，物品轻重，地方的多少，物品进出的频度，设施设备的老旧程度，整理整顿的难易度，维持的难易度等。

K_2：面积系数

面积比率=责任区内面积数/全厂面积数

面积系数与面积比率关系见表 2-13 所示。

表 2-13   面积系数与面积比率关系

面积比率	<0.1	0.1	0.12	0.14	0.16	0.18	0.20	0.22	>0.24
K_2	0.96	0.97	0.98	0.99	1.00	1.01	1.02	1.03	1.04

K_3：人数系数

人数比率=区域员工人数/全厂员工人数，见表 2-14 所示。

表 2-14   人数系数与人数比率关系

人数比率	<0.1	0.1	0.12	0.14	0.16	0.18	0.20	0.22	>0.24
K_3	1.04	1.03	1.02	1.01	1.00	0.99	0.98	0.96	0.94

K_4：教育程度系数

教育程度系数与教育年限的关系，见表 2-15 所示。

表 2-15   教育程度系数与教育年限的关系

教育年限	8	9	10	11	12	13	14	15	16	17	18
K_4	1.05	1.04	1.03	1.02	1.01	1.00	0.99	0.98	0.97	0.96	0.95

3．计算公式

各组依不同的 K_1、K_2、K_3、K_4 数值计算加权系数 K。

$$K = \frac{\dfrac{K_1 + (K_2 \times K_3) + K_4}{3} + (K_1 \times K_2 \times K_3 \times K_4)}{2}$$

第三章

工作场地 6S 管理

第一节　工作现场与现场管理

一、现场

现场是企业从事生产、销售、研发等增值活动的场所，本书的现场主要指直接制造产品的生产现场，习惯上简称为车间、工段（工场）、班组生产第一线，其大部分内容以班组生产第一线为主。

二、现场管理

现场管理是指为了有效地实现企业的经营目标，对生产过程中的诸要素，包括人（操作者、管理者）、机（设备、工艺装备）、料（原材料、辅助材料、零部件、水、电、煤、气）、法（操作方法、工艺制度）、环境、信息等，进行合理配置和优化组合。通过生产过程的转换，成为质量优良、交货期可靠、成本低廉、产品适销对路的产品。

现场管理是生产第一线的综合管理，是一线管理人员的工作，通常由车间主任、工段长或班组长来完成。

一般而言，现场管理的事项有生产力、人员训练、改进员工工作技能、质量、停线次数、安全、成本等。

1. 人员管理

提升人员的向心力，维持高昂的士气。

2. 作业管理

拟定完善的工作计划，执行良好的工作方法。质量管理控制好工作质量，达到零缺点要求。

3. 设备管理

正确地操作设备，维持零故障的生产。

4. 安全管理

维护人员、产品、顾客的安全，做好必要措施。

5. 成本管理

节约物料，减少浪费，降低成本。

三、现场管理的目标与内容

1. 目标

现场管理追求的最终目标（QCD）就是利润。在可持续发展的前提下，利润最大化永远都是企业的目标。而支撑这一目标最终实现的企业经营策略在现场体现为 Q（Quality）、C（Cost）、D（Delivery）3 个方面，即质量、成本、交货期。

2. 资源

影响资源（4M）策略成功与否的因素就是我们常说的现场 4M 管理，即对人、机、料、法（现在有些企业增加了环和测）的管理。这四种资源的管理和利用是现场管理人员每天在做的事情，企业赢利还是亏损，也与每个企业在现场的这 4 个方面的管理理念和管理水平相关。

3. 现场管理屋

为了科学地管理 4M 这 4 种资源，可参如图 3-1 所示。

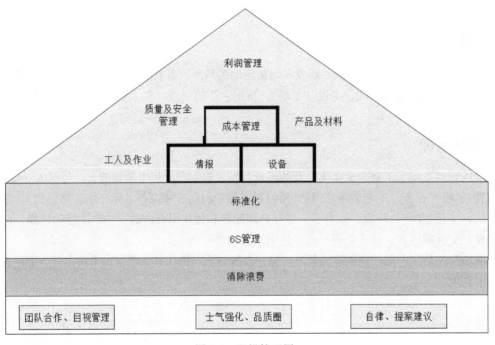

图 3-1 现场管理屋

四、现场管理最有效的方法——PDCA 管理循环

所谓管理方法就是要能依照一定的管理程序，使所管理的工作依照规定的方法顺利进行，并能得到满意的结果。PDCA 管理循环正是现场管理与改善中最为常用，也是最为有效的管理方法之一。

PDCA 管理循环的概念最早是由美国质量管理专家戴明提出来的，所以又称为"戴明环"。其中：P（Plan）即计划，D（Do）即执行，C（Check）指检查，A（Action）指行动。PDCA 循环的理论和方法不仅用于质量管理方面，也适用于企业经营管理的各个方面。它把管理工作分成若干循环过程，每个循环过程解决一两个问题。通过循环不断地提高工作质量，促使管理工作规范化和条理化，减少盲目性，提高科学性。

之所以将其称为 PDCA 循环，是因为这四个过程不是运行一次就完结了，而是要周而复始地进行。一个循环完了，解决了一部分问题，可能还有其他问题尚未解决，或者又出现了新的问题，再进行下一次循环，其基本模型如图 3-2 所示。

1．计划

管理活动的第一步即制订计划（Plan），现场管理也不例外。制订计划有如下 6 个步骤。

（1）首先明确实施该项管理活动的目的及是否必须实施。

（2）把握现状，提出问题。

（3）设定目标。

（4）明确推进管理的组织、日程、初步方法。

（5）设定管理项目。

（6）投资预算。

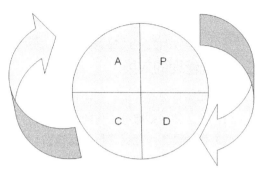

图 3-2　PDCA 管理循环基本模型

2．执行

计划拟订后即进入按照计划执行（Do）阶段，该阶段步骤如下。

（1）对执行人员的教育培训。现场管理中一线员工及班组长是其重点。

（2）按计划中的组织将管理活动分担，有时按项目分担，有时按区域分担。

（3）全员参与改善提案。

（4）改善提案提出后，经有经验的、有管理权限的人认可后执行。

3．检查

检查（Check）或确认有如下步骤。

（1）检查是否按计划日程实施。

（2）确认是否能按计划达成预定目标。

（3）分析前阶段中的失败事例并予以纠正。

（4）评价优秀事例并加以推广。

4．行动

活动基本结束时，开始行动（Action），着手总结报告及反思。内容包括：将优秀成功经验标准化以保持成果；总结失败的教训，未解决的问题应提交给下一个 PDCA 循环中去解决。

第二节　目视管理

一、目视管理的含义

所谓目视管理就是利用形象直观、色彩适宜的各种视觉感和信息来组织现场生产活动，达到提高劳动生产率的一种管理方式。它以视觉信号为基本手段，以公开化为原则，尽可能地将管理者意图让大家都看得见，能让员工用眼睛直接看出工作进展的状况，并迅速做出判断和决策。

二、目视管理的特点

（1）目视管理形象直观，容易识别，简单方便，传递信息快，提高工作效率。

（2）信息公开化，透明度高，便于现场各方面人员的协调配合与相互监督。

（3）目视管理能科学地改善生产条件和环境，有利于产生良好的心理效应。

以图表、图画、象征等作为目视管理的辅助工具，可以轻易达到认知、警告、判断、行动等功能；而负责信息传递的人，将信息转化成图表、照片、图画、标志，再加上文字批注，将更容易使相关人员理解所传达的内容，达到信息共有化，问题透明化，让有关人员能够进行正确判断，采取有效行动。因此，如何活用信息来顺利解决问题，是目视管理的关键。

三、目视管理的效果

班组实施目视管理可达到的预期成果有以下 5 点。

（1）传达并告知有关工作的发展情况。

（2）激励员工，并促使他们积极参与班组管理。

（3）使员工达成共识，更好地完成班组目标。

（4）给成员提出警告，防患于未然。

（5）作为员工判断的标准，促使他们采取正确行动。

四、目视管理的常用工具

1．红牌

红牌常用来区分日常生产活动中非必需品，如有油污、不清洁的设备、办公室的死角等。挂红牌的活动又称红牌作战。红牌的样式见表 3-1 所示。

表 3-1　红牌的样式

部门		No.	
场所			
提出人		提出日	
问题描述			
对策			
要求完成日		完成后确认	

2．看板

所谓看板，是把希望管理的项目，通过各类管理板显示出来，使管理状况成为众人皆知的一种管理方法。看板管理是一流现场管理的重要组成部分，是给客户信心及在企业内部营造竞争氛围，提高管理透明度的非常重要的手段。

（1）看板管理的作用

① 传递情报，统一认识。

② 帮助管理，杜渐防漏。

③ 绩效考核更公正、公开、透明化，促进公平竞争，工作成绩通过看板来揭示，差的、一般的、优秀的，一目了然，无形中起到激励先进促进后进的作用。

④ 加强客户印象，树立良好的企业形象。看板能让客户迅速全面了解公司，并留下这样的印象："这是一个出色的、井井有条的公司啊！"从而对我们更信赖。

（2）看板的内容

① 质量的信息。每日、每周及每月的不合格品数值和趋势以及改善目标。

② 成本的信息。生产能力数值、趋势图及目标。

③ 交货期的信息。每日生产图表、机器故障数值、趋势图及目标。

④ 设备综合效率。提案建议件数、品管圈、6S 活动等。其中品管圈（QCC）就是由相同、相近或互补之工作场所的人们自动自发组成数人一圈的小圈团体（又称 QC 小组，一般 6 人左右），全体合作、集思广益，按照一定的活动程序来解决工作现场、管理、文化等方面所发生的问题及课题。它是一种比较活泼的品管形式。

（3）看板制作的要求

① 设计合理，容易维护。版面、栏面采用线条或图文分割，大方又条理清晰；主次分明，重点突出；采用透明胶套或框定位，更换方便；采用电脑设计，容易更新。

② 动态管理，一目了然。多用量化的数据、图形、照片，形象地说明问题。

③ 内容丰富，引人注目。采用卡通、漫画形式，版面活跃，多种看板的结合，有利于实现内容的丰富化。

（4）看板管理运用的注意事项　看板应设在人流量较多、引人注目的场所，看板展示要求有一定空间，避免拥挤和影响正常的人流、物流畅通；悬挂高度适中，版面文字大小合适，站着可以清楚阅览全部内容；看板设置场所光线要充足，必要时，可以安装灯箱等来增加照明；看板应指定管理担当和更新期限，如图 3-3 所示。

图 3-3　看板管理示例

3．信号灯

生产现场第一线的管理人员必须随时知道作业是否在正常开动，信号灯是工序内发生异常时用于通知管理人员的工具。信号灯有很多种类，具体分类如下。

① 发音信号灯。

② 异常信号灯。

③ 运转指示灯。

④ 进度灯。

4．区域线

对半成品放置场所、通道等区域用线条区分划出，用于整理、整顿，如图 3-4 所示。

图 3-4　区域线划分

5．警示线

在仓库或其他物品放置场所表示最大或最小在库量，如图 3-5 所示。

6．生产管理板

揭示生产线生产状况、进度的表示板，记入生产实绩、设备、动率、异常原因（停线、故障）等，用于看板管理，如图 3-6 所示。

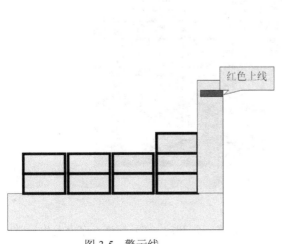

图 3-5　警示线

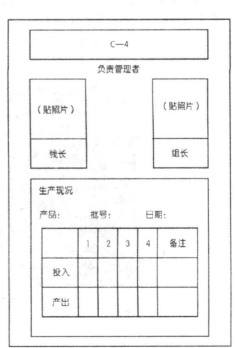

图 3-6　生产管理板

7．标准作业图

描述工序重点和作业顺序的简要指示书，用于指导作业，如图 3-7 所示。

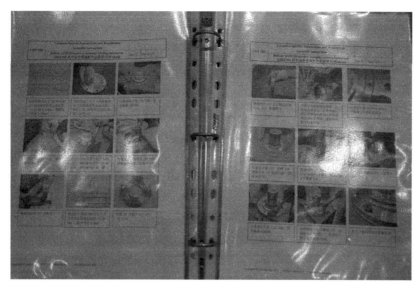

图 3-7　标准作业图

第三节　生产现场的规划布局

一、工作现场布局原则

工作现场布局规划设计的目标是效率化，即空间利用最优化、物流效率最大化。减少浪费，增加效益。具体来说，布局设计原则有 3 个。

1．时间、距离最短原则

这是布局设计最重要的原则。把物料、半成品搬来搬去；或是上一次洗手间都要爬一层楼，丢一个垃圾走 5 分钟，这会让员工在无效的活动中消耗时间，时间久了，员工自然就会减少丢垃圾的次数，垃圾就会逐渐堆积在现场。时间、距离最短原则体现在：搬运最少；步行距离最短；中间没有停滞等待；充分利用空间。

2．物流畅通原则

人员、物料（原材料、半成品、成品、辅料）、机器及工具在工场内的流动得是否畅通，直接反映了工场的布局设计及现场管理水平。物流流向应是直线性或圆圈形，无逆向和来回穿插流动；人员、机器、材料、作业方法、环境 5 个要素处在有效控制之中，作业方便顺畅；通道及作业现场无障碍物；尽量减少工序中间库存点；各工序生产平稳均衡，无过量堆积。

3．适变性原则

预留足够的空间应对未来至少 1 年的发展；货架、棚、工作台留有改造的余地，以适应不同的生产方式；专用的、特殊的机械设备尽量通用化、统一化；设备应小型化、模块化、通用化；机器设备故障时，有足够的备品保证维修；门、通道的设计考虑新设备的搬运，并有摆放的场所；有足够的灾害防护设施；有通畅的逃生路线。

二、生产现场布局改善

1. 生产现场布局检查

为了减少作业者的疲劳和厌倦情绪，减少不必要的动作浪费，提高综合作业效率。以下现象是工作现场不该存在的。

（1）作业台很大，实际使用只需要一小部分，其余部分堆满原材料、半成品及工夹具或始终空置。

（2）作业台只有一层，利用了平面空间，未利用立体空间，员工取所需物品浪费时间。

（3）物品存放盒设计不合理。

（4）工作现场放置无关的私人物品。

（5）材料、车辆、空箱、卡板摆放无序，影响操作。

2. 生产现场布置原则

（1）工具物料定位放置，使作业者形成习惯，减少拿取的寻找时间。

（2）运用各种方法使物料自动到达工作者身边。

（3）使用频率高的工具、物料应放在作业者面前或身边。

（4）尽量利用自动回位的方法避免放回时间。

（5）工具、物料按最佳次序排列。

（6）工作台和座椅的高度要适宜，照明适当，视觉舒适。

（7）有噪声、粉尘、污水、高温等的工作点应予以隔离。

第四节　设备管理

一、设备管理的主要内容

设备管理主要是对设备的使用、点检、维护保养。每个操作者都该搞好设备维护保养，合理操作，正确使用。

（1）制订设备管理工作目标。

（2）建立完整的设备管理内容（包括班组台账、原始凭证、信息传递等）。

（3）组织并指导员工做好设备的维护保养、日常点检、清扫、加油和紧固等工作。认真填写设备巡察点检记录。

（4）建立岗位经济责任制的考核与评比制度，并严格组织实施，逐步提高班组设备管理水平。

（5）根据设备能力和完好状态安排生产，调整任务和负荷。

（6）根据操作规程对员工的操作行为进行检查和监督。

（7）经常进行正确使用机器设备的宣传和教育工作，使员工能自觉地爱护和正确使用设备，严格执行有关制度，养成良好的习惯。

二、设备管理的规程

设备管理规程包括设备操作规程、设备使用规程、设备维护规程等。

1. 设备操作规程

设备操作规程是指对操作工人正确操作设备的有关规定和程序。各类设备的结构不同，操作设备的要求也会有所不同，编制设备操作规程时，应该以制造厂提供的设备说明书的内容要求为主要依据。

2. 设备使用规程

设备使用规程是对操作工人使用设备的有关要求和规定。例如：操作工人必须经过设备操作基本功的培训，并经过考试合格，发给操作证，凭证操作；不准超负荷使用设备；遵守设备交接班制度等。

由于班组的生产很多实行轮班制，按设备交接班制度做好交接班工作非常重要。具体的交接班事项见表 3-2 所示。

表 3-2 设备交接班记录（例）

润滑情况	机床各部位	冷却液	油毡	周围场地是否清洁		是否缺油	油孔是否堵塞
使用情况	传动机构是否正常		零部件有无损坏			件、工具是否齐全	电器
生产上需要交付事宜							
其他							
交接班时间	年 月 日 班	交班人				接班人	

3. 设备维护规程

设备维护规程是指工人为保证设备正常运转而必须采取的措施和注意事项。例如：操作工人上班时要对设备进行检查和加油，下班时坚持设备清扫，按润滑图表要求进行润滑等，维护工人要执行设备巡回检查，定期维护和调整等。表 3-3 是某公司的数控车床操作维护规程，仅供参考。

表 3-3 某公司的数控车床操作维护规程（例）

数控车床操作维护规程

1. 操作者必须熟悉机床使用说明书和机床的一般性能、结构，严禁超性能使用。
2. 开机前应按设备点检卡规定检查机床各部分是否完整、正常，机床的安全防护装置是否牢靠。
3. 按润滑图表规定加油，检查油标、油量、油质及油路是否正常，保持润滑系统清洁，油箱、油眼不得敞开。
4. 操作者必须严格按照数控车床操作步骤操作机床，未经操作者同意，其他人员不得私自开动。
5. 按动各按键时用力应适度，不得用力拍打键盘、按键和显示屏。
6. 严禁敲打中心架、顶尖、刀架、导轨。
7. 机床发生故障或不正常现象时，应立即停车检查、排除。
8. 操作者离开机床、变换速度、更换刀具、测量尺寸、调整工件时，都应停车。
9. 工作完毕后，应使机床各部处于原始状态，并切断电源。
10. 妥善保管机床附件，保持机床整洁、完好。
11. 做好机床清扫工作，保持清洁，认真执行交接班手续，填好交接班记录

第五节 全面生产维护

一、全面生产维护（TMP）的含义

1. TMP 的含义

TMP 即全面生产维护，是以达到最高的设备综合效率为目标，确立以设备为对象的生产维修全系统，涉及设备的计划、使用、维修等所有部门，从最高领导到第一线工人全员参加，依靠

开展小组自主活动来推行的生产维修，概括为：T 指全员、全系统、全效率；PM 为生产维修（包括事后维修、预防维修、改善维修、维修预防）。

TMP 是从保养活动开始的一种由全员参加的管理活动，不但能提升生产性能，也能提升品质和改善企业体质，是生产型企业降低成本、增加效益的最直接、最有效的途径。

2．TMP 的主要内容

TMP 主要内容有日常点检、定期检查、计划修理、改善修理、故障修理、维修记录分析。

TMP 的中心思想是"三全"，即全效率、全系统、全员参加。

（1）全效率，即综合效率，由 6 个方面组成：产量、质量、费用、交货期、安全、劳动情绪及环境卫生，也就是说，综合效率要兼顾这 6 个方面的任务。

（2）全系统，是指对设备的整个寿命周期的系统管理。

（3）全员参加，是指从企业最高领导人到第一线生产工人，包括：设备管理的有关部门和人员，都参与设备管理工作，分别承担相应的职责。

二、全面生产维护的目标

TMP 的目标是零缺陷、无停机时间，最大限度提高生产效率。要达到此目标，必须致力于消除产生故障的根源，而不是仅仅处理好日常的问题。

TMP 的目标可以概括为 4 个"零"，即停机为零、废品为零、事故为零、速度损失为零。

1．停机为零

停机为零指计划外的设备停机时间为零。计划外的停机对生产造成的冲击相当大，使整个生产系统发生困难，计划停机时间要有一个合理值，不能为了满足非计划停机为零而使计划停机时间值达到很高。

2．废品为零

废品为零指由设备原因造成的废品为零。完美的质量需要完善的机器，机器是保证产品质量的关键，而人是保证机器好坏的关键。

3．事故为零

事故为零指设备运行过程中事故为零。设备事故的危害非常大，影响生产不说，还可能会造成人身伤害，严重的可能会"机毁人亡"。

4．速度损失为零

速度损失为零指设备速度降低造成的产量损失为零。由于设备保养不好，设备精度降低而不能按高速度使用设备，等于降低了设备性能。

三、全面生产维护活动的内容

活动的主要内容包括"两个基石和八个支柱"，如图 3-8 所示。

1．两个基石

（1）6S 活动，包括整理、整顿、清扫、清洁、安全、素养。

（2）小集团活动，包括职务的和自发的小集团活动。

2．八个支柱

（1）个别改善　个别改善即根据设备的不同状况，例如设备的利用情况、性能稼动率（"稼动率"英文称作 Activation 或 Utilization，是指设备在所能提供的时间内为了创造价值而所用时间所占的比重。是指一台机器设备实际的生产数量与可能的生产数量的比值。）、合格率、生命周期等，个体化地利用设备，使企业设备的总体化利用率达到最高。这个体系需要全体部门的配合。

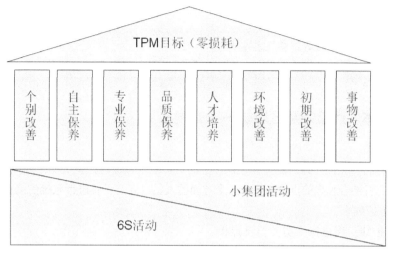

图 3-8 TPM 的两个基石和八个支柱

（2）自主保养 "设备谁使用，谁负责保养"。

（3）专业保养 即靠专业技能的保养活动。建立并实施定期保养、预防保养系统，并确定保养作业效率化。对设备的维修和检查必须要制订计划。如制作查检表，促使生产部门的操作员工定时给机器加油、拧螺丝、擦灰尘；使设备部门定时进行巡检，检查机器是否存在问题，然后利用生产的间歇，对设备进行小修和大修。这些都是由整个计划来保障的，计划保养体系由设备部门领导完成。

（4）品质保养 品质保养即品质改善活动。设定不生产不良品的条件并建立维持管理体制。建立这一体系需要全体员工全身心地投入，以精品战略来完成产品的生产。

（5）人才培养 人才培养即培养对设备精通的从业人员并提高专业保养人员的技能训练，提高员工保养能力和技能的活动。主要由人事部门负责。

（6）环境改善 环境改善即改善工作环境和设备工作条件的活动，建立零灾害、零公害的体制。

（7）初期改善 初期改善即设计和技术部门以改善品质、优化加工过程等为目的的活动。

（8）事务改善 事务改善即提高办公事务效率。

第六节　TPM 设备点检制

一、TPM 设备点检与点检制

设备点检是一种科学的设备管理方法，它是利用人的五官或简单的仪器工具，对设备进行定点、定期的检查，对照标准发现设备的异常现象和隐患，掌握设备故障的初期信息，以便及时采取对策将故障消灭在萌芽阶段的一种管理方法。

点检制是以点检为中心的设备维修管理体制。点检制利用检查手段，对设备进行早期检查、诊断和维修。点检人员既负责设备点检，又负责设备管理。点检、操作、检修三者之间，点检处于核心地位。点检人员是设备维修的责任者、组织者和管理者。每个企业可根据自己的实际情况制订自己的点检制度。

点检人员的任务有以下几点。

① 全权负责对其管区设备进行点检。

② 严格按标准进行点检。

③ 编制和修订点检计划。

④ 编制检修计划，做好检修工程管理。

⑤ 编制材料计划及维修费用预算，要求以最低费用实现设备预防维修，保证设备正常运转，提高设备利用效率。

二、"三位一体"点检制及五层防护线的概念

1. 三位一体

点检制实行的"三位一体"制指岗位操作员的日常点检、专业点检员的定期点检和专业技术人员的精密点检三者结合起来的点检制度。三个方面的人员对同一设备进行系统的维护、诊断和修理。

2. 五层防护线

第一层防护线：岗位操作员的日常点检。

第二层防护线：专业点检员的定期点检。

第三层防护线：专业技术人员的精密点检。

第四层防护线：对出现问题进一步通过技术诊断等找出原因及对策。

第五层防护线：每半年或一年的精密检测。

点检制的五层防护线关系见表 3-4 所示。

表 3-4　点检制的五层防护线关系

层次	负责人员	分工	点检人员	点检手段
精度/性能测试检查	设备操作人员	定期检查	点检员 技术人员	机、电、液、水、气一般知识；精密仪器、理论分析、经验
技术诊断与倾向管理	设备操作人员	按项进行	点检员	机、电、液、水、气一般知识；仪器、经验
专业精密点检	技术人员	白班按计划	机、电、液、水、气等点检员	各专业各自的专业知识；精密仪器、理论分析、经验
专业定期点检	设备操作人员		点检员	机、电、液、水、气一般知识；工具仪器、经验
日常点检	岗位生产人员	三班 24 小时	操作人员、值班人员	生产工艺设备结构知识；直接感觉、经验

三、点检制的特点

点检制的特点就是"八定"，具体如下。

（1）定人　由检修钳工或设备操作人员担任，一般是 2～4 人。

（2）定点　明确设备故障点，明确点检部位、项目和内容。

（3）定量　对劣化倾向的定量化测定，如测量润滑油中金属含量和种类的变化，以达到预知维修的目的。

（4）定周期　对不同设备、不同设备故障点科学定出点检周期，并且进行修改和完善。

（5）定标准　给出每个点检部位的标准，用来判断是否正常。

（6）定计划　点检员根据预先编制的作业卡，沿着规定的路线去实施作业。

（7）定记录　制订出固定的记录格式，包括作业记录、异常记录、故障记录和倾向记录。用

以备查和故障分析。

（8）定流程　定出点检作业和点检结果的处理程序。

第七节　设备内部点检、巡检

一、内部点检

1. 内部点检的概念

内部点检由指定人员按点检指导书进行点检。简单的日常点检一般由操作者负责，复杂的点检则由班组长或专门人员负责。根据各设备的点检项目不同，分别按每日、每周、每月的点检周期进行点检。

2. 内部点检的要求

点检后将点检结果记录到点检记录表。在设备修复时或使用备品前必须按点检指导书进行点检并记录。点检记录定期报告，具体可依据企业性质，或所用设备性质决定报告周期。途径：点检者—班组长－部门主管人员。

点检记录由各班组长保管，并根据各自企业的标准规定或重要程度确定保管期限。在日常点检或使用中如发现不良，点检者应记录不良内容，并立即向上级报告。报告途径：点检者—班组长－部门主管人员。

3. 内部点检的记录

内部点检记录包括设备点检指导书、设备点检记录表等，如表3-5、表3-6所示。

表 3-5　设备点检指导书

分类：设备、夹具、工具、计测器				作成日：			
管理编号				作成		审查	确认
使用区	使用设备	名称	型号	分类	使用数	备用数	点检周期
略图				序号	点检项目	点检具	规格
				1			
				2			
				3			
				4			
				5			
				6			
				7			
				改订履历			
				日期	内容	作成	确认

表 3-6　设备点检记录表（普通车床）

车间：　班组：					资产编号		设备编号	操作者 A		操作者 B	
点检内容　＼　检查日期					1	2	3	4	5	……	30	31
传动系统无异常响声												
各手柄操作灵活，定位可靠												
正反转及刹车性能良好												
各变速箱油量在油标刻线以上												
主轴变速箱开机时，油镜显示供油正常												
光杠、丝杠、操纵杆表面无拉伤研伤												
各导轨面润滑良好、无位伤												
各部位无漏油，冷却系统不漏水												
油孔、油杯不堵塞、不缺油												
无缺损零件												
交班问题记录	1		4		7		本月点检发现问题___处					
	2		5		8		本月维修发现问题___处					
	3		6		9		其他_____					
检查方法	望闻问切		检查周期	每天	重大问题处理意见		记录符号	正常	异常		已修好	
								√	×		⊙	

注　异常报告途径：点检者—班组长—部门主管人员

二、巡检

巡检一般是由运保人员、车间管理人员进行，主要是对重要设备进行重点监控。设备日常巡检的记录，见表 3-7 所示。

表 3-7　设备日常巡检记录表

班组	巡检日期　　年　月　日　时

检查项目　　1.

　　　　　　2.

　　　　　　3.

　　　　　　4.

　　　　　　5.

　　　　　　6.

其他

备注

处理意见

检查人（签字）：　　　　　　　　　　　　车间主管（签字）

　　　年　月　日　　　　　　　　　　　　　年　月　日

三、生产现场定置标准

1. 通道标识

通道标识，见表 3-8 所示。

表 3-8 通道标识

类别	通道宽度	通道线			区域形成方式	转弯半径
		颜色	宽度	线型		
主通道	4～6m	黄色	100mm	实线	以主大门中心线为轴线对称分布	4000mm
一般通道	2.8～4m	黄色	100mm	实线	以通道最窄处中垂线为对称分布线	3000mm
人行道	1～2m	黄色	100mm	实线	—	—
道口、危险区	间隔等线宽	黄色	100mm	斑马线	—	—

2. 区域划分

对叉车、电瓶车等物流车辆，要划定停放区域线（线宽为 50mm 的黄色实线区划），停放地应不妨碍交通和影响厂容，见表 3-9 所示。

表 3-9 相关区域划分标识

类别	区域线			标识牌	字体
	颜色	宽度	线型		
待检区	蓝色	50mm	实线	蓝色	白色，黑体
待判区	白色	50mm	实线	白色	黑色，黑体
良品区	绿色	50mm	实线	绿色	白色，黑体
不良品区、返修区	黄色	50mm	实线	黄色	白色，黑体
废品区	红色	50mm	实线	红色	白色，黑体
工位器具定置点	黄色	50mm	实线	—	—
物品临时存放区	黄色	50mm	虚线	—	"临时存放"字样

3. 工位器具

① 工位器具按定置管理图的要求摆放，配备规格、数量符合要求。

② 对塑料制品工位器具（如托盘等），颜色一律使用蓝色；金属制品工位器具，一律使用灰白色。

4. 工位上的物品

① 工位上的物品（工具、刀具、量具、辅具、模具、夹具、计量仪器仪表）要定置摆放（用形迹管理法）并尽可能采用标识。

② 工具箱内的工、刀、量、辅具等物品定位放置（用形迹管理法），且只能放置与生产有关的物品，箱门背面要有物品清单，清单一律贴在门的左上角。

③ 工位上的各种图表、操作卡等文件规格统一，必须定置悬挂。

5. 零件及制品

对零件及在制品，用规定的工位器具存放，并定量、定位整齐摆放不落地；对大型零件及成品，按规定位置、标高整齐摆放，达到过目知数。

6. 库房

必须有定置管理图，有 A、B、C 重点管理清单，器具按零件配置并且定置摆放。零件及物品定箱、定量、定位存放，摆放整齐。

7．消防器具

现场消防器具按要求定点摆放，定期检查，保持清洁、状态完好（如可采用防呆措施等）。

8．垃圾存放与处理

① 生产现场划分：工业垃圾与生活垃圾。工业垃圾用黄色料箱摆放，生活垃圾用蓝色或红色料箱（桶）摆放。

② 厂区和办公区划分：不可回收和可回收。不可回收用黄色料箱（桶）摆放，可回收用绿色料箱（桶）摆放。

③ 垃圾要分类、定点存放，定时清运，不得外溢和积压。

9．现场维修

现场维修时拆卸的零件要摆放整齐，完工后要及时清理场地，达到工完料净、场地清，保持现场原貌。

10．标识牌

标识牌的要求见表 3-10 所示。

表 3-10　标识牌的要求

区域		标牌标准
生产线名称		垂直于主通道吊设灯箱，规格：1200mm×600mm×200mm；版面内容：上半部为公司标志（字体为红色）和车间、班组代号（字体为黑体）；下半部为生产线名称（中文、英文），红底白字（字体为黑体），双面显示；上下部比例为 2∶3
检验区	待检区	蓝色标示牌
	待判区	白色标示牌
	良品区	绿色标示牌
	不良品区、返修区	黄色标示牌
	废品区	红色标示牌
工序（工位）标识牌		规格：400mm×180mm；材料：金属或塑料；版面：蓝底白字，悬挂放置
设备状态标识牌		规格：200mm×150mm；材料：铝塑或泡沫；版面内容：上半部为"设备状态标识"名称（蓝底白字），下半部为圆形，直径130mm，内容为正常运行（绿色）、停机保养（蓝色）、故障维修（红色）、停用设备（黄色）、封存设备（橙色），指针为铝质材料
消防器材目视板		规格：300mm×180mm；材料：铝塑或泡沫；版面内容：上半部为公司标识、消防器材目视板、编号字样，下半部有型号、数量、责任人、检查人字样和 140mm×100mm 透明有机板
关键工序		规格：400mm×300mm；材料：铝塑或泡沫，版面内容：上部为关键工序名称字样，中部为关键工序编号字样，下部为"关键工序"字样，黄底蓝字，字体为黑体
警示牌	小心叉车（在通道拐弯处）、限高、禁止攀越等警示牌	规格：600mm×300mm；材料：金属或塑料；版面：白底蓝字、蓝图案，悬挂放置
	出口、安全出口标识牌	规格：600mm×300mm；材料：白塑料板；版面：白底绿字、绿图案，悬挂放置
	广角镜（广视镜）	在通道转弯处，悬吊不锈钢半球，球面半径为 1500mm
穿戴劳保用品、防护用具等标识牌		规格：300mm×300mm，铁板，白底蓝图案，悬挂放置
立柱标识		字符标高 4m，四面涂刷，上部字母高 300mm，下面数字高 300mm，蓝色，字体为黑体
办公室及库房标识		规格：300mm×80mm；材料：金属或铝塑；版面：上部为公司标识和部门名称，下部为科室或库房名称，悬挂放置于门的右上侧

11．工作角

（1）工作角构成 长方形桌规格为 1200mm×600mm×800mm，或 1800mm×600mm×800mm、圆形凳（两连体或三连体）、工具柜、急救箱、目视板。

（2）构成物颜色 长方形桌的桌面铺绿色橡胶板或灰白色长条桌；工具柜、急救箱、目视板为灰白色；圆形凳为蓝色。

四、工位器具现场管理标准

（1）各部门必须按规定流程申请工位器具的制作，防止工位器具的设计不合理和工位器具的浪费。

（2）工位器具必须定置摆放，不允许摆放超过规定的数量的工位器具。

（3）工位器具的摆放必须符合人机工程学原理，不允许物品超出工位器具摆放或物品随意摆在工位器具上。工位器具内的物料须整齐摆放。

（4）做好工位器具的标识

① 工位器具上要标物料名称、数量、产地、是否关键或重要件。

② 做好工位器具的定置线区域或空中标识。

③ 工位器具内的物料必须和标识的物料相符，严禁物料混放。

（5）必须保持工位器具内及四周环境无垃圾、无油污、无灰尘，干净、整洁。对工位器具漏油等给现场 6S 带来影响的，必须改善或报废。

（6）工位器具损坏的，及时申报维修。严禁将坏的工位器具丢弃在现场。

（7）多余的工位器具一定要办理退还手续。报废的工位器具要及时办理报废手续。严禁将多余的、报废的和暂时不使用的工位器具丢在现场和厂区外。

（8）严禁将食品、饮料瓶等垃圾、工具、工作服等扔在工位器具内。

（9）各部门要对工位器具编号并建议做好台账，做到账、卡、物相符。

（10）库房和使用部门对损坏的、脏污的、超载的、混放的、多放的工位器具可以拒绝接收，由此造成的停产、质量不合格等一切损失由责任方承担。

（11）各使用部门或库房必须做好工位器具的日常保养工作，对故意损坏或操作不当损坏的，按价赔偿。

（12）各使用部门或库房必须每月月末组织对工位器具数量、卫生、保养及定置情况进行自查，将自查结果报 6S 管理委员会。

（13）6S 管理委员会不定期抽查，并每季度组织一次专项检查。

五、工具柜管理标准

（1）各部门必须按规定流程申请工具柜的制作（购买），充分利用工具柜的空间，现场不得摆放多余的工具柜和利用率低的工具柜，否则，6S 管理委员会将强制收回。

（2）工具柜必须定置摆放，工具柜内的物品也必须分类并定置摆放。

（3）做好工具柜的标识

① 工具柜表面贴标签，标签一律贴在门的左上角。

② 工具柜内贴有"物品清单"，背面一律贴在门背面的左上角。

（4）工具柜内物品必须按"物品清单"摆放整齐，不允许混乱摆放。

（5）工具柜内工具必须进行"行迹管理"。

（6）工具柜表面及柜内保持干净，无油污、无脏物、无垃圾等。

（7）工位器具组在制作新工具柜时，柜门应运用"透明化"管理，未实行"透明化"管理的工具柜，各使用部门应对其改造。

（8）工具柜损坏，或钥匙丢失，按规定程序申报维修，不得擅自撬工具柜；故意损坏的，按价赔偿。

（9）各部门必须对工具柜编号，并建立工具柜管理台账。

（10）各部门必须每月月末组织对工具柜进行自查，将自查结果报 6S 管理委员会。

（11）6S 管理委员会不定期抽查，并每季度组织一次专项检查。

六、卫生间管理标准

（1）讲究卫生，保持卫生间（厕所、洗手间、盥洗室）内清洁、干净，无异味。

（2）爱护公共设施，对故意损坏的，按价赔偿，非人为损坏的，及时申报维修。

（3）严禁在厕所门上乱写乱划（画）。

（4）文明用厕，严禁向卫生间（厕所、洗手间、盥洗室）扔杂物。

（5）严禁在厕所内抽烟。

（6）卫生间（厕所、洗手间、盥洗室）地面较滑的，应在门口和地面铺设防滑垫。

（7）洗手间内应放置清洁剂并及时补充。

（8）节约用水、用电，用后即关闭水龙头，人走后即随手关灯。

（9）做好卫生间（厕所、洗手间、盥洗室）及附属设施的目视化管理。

（10）清洁工清扫时，应悬挂"现正清扫，请稍候 10 分钟"的提示牌，员工在清洁工清扫时，严禁如厕。

（11）各部门必须指派专人对厕所进行管理，厕所管理员必须对清洁员进行监督和考核。

（12）公司（6S 管理委员会）对各部门卫生间（厕所、洗手间、盥洗室）进行不定期检查，于每半年组织一次卫生间（厕所、洗手间、盥洗室）专项检查。

七、饮水机管理标准

（1）本着节约的原则，不需要设置饮水机的地方，不要设置饮水机。对闲置不用的（1 个月以上）饮水机，6S 管理委员会查出后将按 6S 考核进行扣分。

（2）对必须设置和数量不够的饮水机，使用部门必须按相关流程及时申领。

（3）各使用部门负责饮水机的日常维护和保养。必须保持饮水机机身、附属设施及其四周环境卫生、整洁、干净。

（4）必须对饮水机实行定置和目视化管理。

（5）各部门必须根据饮水机的使用情况决定是否使用接水盒和杯架。对需要使用接水盒和杯架的，设计图纸必须经工程技术部批准后，工位器具方可为其制作。

（6）各部门必须指派专人对饮水机和桶装水进行管理，并建立饮水机及桶装水台账。

（7）每台饮水机旁桶装水（包括空桶）不得超过 3 桶。

（8）爱护公物，对因故意和野蛮使用而损坏的，按价赔偿。对非人为损坏的，必须及时按规定流程申报维修和办理报废手续，严禁将坏的饮水机放在现场（1 周以上）。

（9）严禁向饮水机的上接水盒倒茶叶及其他脏物。

（10）节约用电，不使用时及时关闭电源。

（11）各部门必须按饮水机的使用说明书进行操作。

（12）各部门必须对饮水机及附属设施进行日常保养和清扫。

（13）6S 管理委员会对各部门饮水机进行不定期检查，于每半年组织一次饮水机专项检查。

八、垃圾管理标准

（1）根据垃圾的性质，将垃圾分为工业垃圾和生活垃圾。具体分类，各部门依具体情况划分。

（2）工业垃圾用黄色料箱（桶）摆放，生活垃圾用蓝色料箱（桶）摆放，并且料箱（桶）上必须印上"工业垃圾"和"生活垃圾"字样。

（3）严禁工业垃圾和生活垃圾混放，应将工业垃圾和生活垃圾放入相应颜色的料箱（桶）内。

（4）对垃圾箱实行定置管理，并制订垃圾箱定置图。

（5）各部门必须保持垃圾箱及其周围环境卫生、整洁。

（6）垃圾箱实行专人管理、专人清倒、专人检查，严禁垃圾超高摆放和外溢。

（7）垃圾在清运过程中不得洒落，运到公司指定地点清倒。

（8）垃圾箱渗漏需及时维修。

（9）垃圾箱损坏的，需及时维修。故意损坏的，按价赔偿。

（10）后勤部门必须按垃圾分类清运，严禁将分类后的垃圾混合清运。

（11）各部门（单位）必须对垃圾箱进行编号，并建立垃圾箱台账。

第八节　6S 现场管理检查示例

一、生产区域 6S 活动标准

生产区域 6S 活动标准见表 3-11 所示。

表 3-11　生产区域 6S 活动标准

6S	活动标准
整理	1. 工作区域物品摆放应有整体感 2. 物料按使用频率分类存放 3. 三天及三天以上使用的物品在未操作时，不应摆在工作台上 4. 设备、工作台、清洁用具、及垃圾桶、工具柜应在指定的场所，按水平直角放置 5. 良品、不良品、半成品、成品要在规划区域摆放与操作，并标识清楚（良品区用黄色，不良品区用红色） 6. 周转车要扶手朝外整齐摆放 7. 呆滞物品要定期清除 8. 工作台上的工具、模具、设备、仪器等无用物品须清除 9. 生产线上不应放置多余物品，不应掉落物料、零料 10. 地面不能直接放置成品（半成品）、零件，不能掉落零部件 11. 私人物品应放置在指定区域内 12. 茶杯应放在茶杯架上 13. 电源线不应杂乱无章地散放在地上，应扎好规范放置 14. 脚踏开关电线应从机器尾端引出，开关应定位管理 15. 按货期先后分"当天货期、隔天货期、隔两天以上货期"三个产品区摆放 16. 没有投入使用中的工具、工装、刃物等应放在物品架上 17. 测量仪器的放置处应无其他物品 18. 绕线机放置处除设备纤维管、剪刀外，不应放置其他物品 19. 包带机放置处除设备、剪刀、润滑油外，不应放置其他物品

续表

6S	活动标准
整顿	1. 各区域要做区域标识划线（线宽：主通道 12cm，其他 8cm） 2. 各种筐、架的放置处有明确标识（标识为黄白色，统一外印） 3. 所有物品、产品要有标识，做到一目了然 4. 各区域要制订定位管理总图并注明责任人 5. 不良品放置场地应用红色予以区分 6. 消防器材前应用红色斑马线予以标识区分 7. 卫生间应配以图像标识 8. 物品摆放应整齐、垂直放置，且须与定位图吻合 9. 标识牌、作业指导书应统一纸张及高度，水平直角粘贴 10. 宣传白板、公布栏内容应适时更新 11. 下班后，椅子应归到工作台下与台面水平直角放置 12. 清洁用具用完后，应放入指定场所 13. 不允许放置物品的地方（通道除外）要有标识 14. 产品、零件不得直接放置在地面 15. 固定资产应有资产标识、编号及台账管理 16. 物品应按使用频率放置，使用频率越高的放置越近 17. 工装、夹具应按类别成套放置 18. 成品摆放高度为：普通包装方式 1.3m，安全包装方式 1.5m 19. 橡胶筐纸板应按规定区域摆放，定时处理 20. 设备、机器、仪表、仪器要求定期保养维护、标识清楚，且有记录 21. 图纸、作业指导书、标语、标识应保持最新状态的有效版本 22. 易燃易爆危险品要在特定地点存放并标识，旁边需设有灭火器
清扫	1. 地面应保持无碎屑、废包装袋、废聚酯膜等其他杂物 2. 地面应每天打扫并在 6S 日进行大扫除 3. 墙壁应保持干净，不应有胡乱贴纸、刻画等现象 4. 机器设备、工具、电脑、风扇、灯管、排气扇、办公桌、周转车等应经常擦拭，保持清洁 5. 浸洪、环氧地面应定期清理 6. 饭堂、物料库屋顶应定期清理 7. 花草要定期修剪、施肥
清洁	1. 垃圾筐内垃圾应保持在垃圾筐容量的 3/4 以下 2. 有价废料应每天回收 3. 工作台、文件夹、工具柜、货架、门窗应保持无损坏、无油污 4. 地面应定时清扫，保持无油渍 5. 清洁用具保持干净 6. 卫生间应定时刷洗 7. 共同餐具应定时消毒
安全	1. 不应乱搭线路 2. 特殊岗位持上岗证操作 3. 电源开关及线路应保持无破损 4. 灭火器要保持在有效期内，方便易取

6S	活动标准
素养	1. 坚持班前会，学习礼貌用语并做好记录 2. 每天坚持做 6S 工作，作内部 6S 不定状况诊断 3. 注意仪容、仪表，穿着制服、佩戴工牌上班 4. 遵守厂纪厂规，不做与工作无关的事 5. 按时上下班、不早退、不迟到、不旷工 6. 吸烟到规定场所，不在作业区吸烟 7. 打卡、吃饭自觉排队，不插队 8. 不随地吐痰，不随便乱抛垃圾，看见垃圾立即拾起放好 9. 上班不闲聊、呆坐、吃东西，离开工作岗位时佩戴离岗证 10. 保持良好个人卫生 11. 按作业指导书操作，避免质量差错

二、仓库 6S 活动标准

仓库 6S 活动标准见表 3-12 所示。

表 3-12 仓库 6S 活动标准

6S	活动标准
整理	1. 呆滞物料应按规定日期申报处理 2. 报废物品、有价废料应定期处理 3. 漆包线、卷线应按规格、型号、产地、购进时间分类贮存 4. 内协引线、标签等物品应存放在便于查找的位置 5. 纸箱、泡沫箱等材料应摆放整齐，剩余的纸隔板应定期处理 6. 客供物料应有专门区域存放 7. 通道应畅通，整体应整洁有序 8. 文件各种单据应分类按序摆放 9. 垃圾桶、清洁用具应按规划区域摆放 10. 待检、呆滞物料、报废品、废料分区域放置 11. 退货产品与合格产品应分区摆放 12. 退货产品与退货附件应定期处理
整顿	1. 制订物品摆放管理图，并标明责任人 2. 产品、物料分类摆放并有标识，且物、账应一致 3. 物品应设置最高库存量与最低库存量 4. 主料、辅料、杂料、包装材料、危险物品应分开定位放置 5. 账卡物应一致，卡应悬挂在物品放置处 6. 环氧树脂、氧气、氨气、油类等易燃、易爆的危险品应放在特定场所 7. 对于一时无法存放于库房的物料，应设置"暂放"标牌 8. 物料存放区域的存放点应符合定位图要求 9. 产品物料直列放置不应超过 1.5m（纸箱、泡沫板除外） 10. 常用物料应便于领用和存放 11. 物料应按"分类储存管理"储存 12. 进出仓记录应按规定要求操作
清扫	1. 材料不应脏污、附有灰尘 2. 墙壁、天花板应保持干净，地面应保持无灰尘、纸屑、水渍 3. 电脑、电话机、电风扇、灯管、物料等表面应无灰尘

续表

6S	活动标准
清洁	1. 安全防火工作应落实，通道应划分界线，感觉舒畅 2. 物品摆放应整齐有条理、不脏乱 3. 以上 3S 应制度化、习惯化 4. 抽屉不应杂乱，下班时，办公桌上应保持整洁
安全	1. 无乱搭线路 2. 特殊岗位持上岗证操作 3. 电源开关及线路保持无破损 4. 灭火器在有效期内，方便易取 5. 消防通道够宽、无堵塞
素养	1. 坚持班前会，学习礼貌用语并做好记录 2. 每天坚持做 6S 工作，做内部 6S 不定状况诊断 3. 注意仪容、仪表，按规定穿着制服、佩戴工牌上班 4. 遵守厂纪厂规，不做与工作无关的事 5. 按时上下班、不早退、不迟到、不旷工 6. 吸烟到规定场所，不在作业区吸烟 7. 打卡、吃饭自觉排队，不插队 8. 不随地吐痰，不随便乱抛垃圾，看见垃圾立即拾起放好 9. 上班不闲聊、呆坐、吃东西，离开工作岗位佩戴离岗证 10. 保持良好个人卫生 11. 按作业指导书操作，避免质量差错

第四章

办公室 6S 管理

办公室是单位的窗口，是整个单位的形象。将 6S 管理引用到办公室管理，能有效地加速办公室工作环境和工作状况的调整及改良，最终提高了工作效率，同时置身于优美的办公环境，也有一种美的感受。

第一节　办公室 6S 管理的内容

办公室 6S 管理的内容如表 4-1 所示。

表 4-1　办公室 6S 管理的内容

6S	主要内容
整理	对工作现场物品进行分类处理，区分为必要物品和非必要物品、常用物品和非常用物品、一般物品和贵重物品等 目的：腾出空间，提高工作效率
整顿	对非必要物品果断丢弃，对必要物品要妥善保存，使办公室秩序昂然、井井有条；并能经常保持良好状态，以方便使用 目的：排除寻找时间
清扫	对各自周围岗位、办公设施进行彻底清扫、清洗，保持无垃圾、无脏污 目的：品质的保证
清洁	维持上面 3S 成果 目的：通过制度化来维持成果，并显现"异常"之所在
安全	上述一切活动，始终贯彻一个宗旨：安全第一 目的：杜绝安全事故、规范操作、确保产品质量
素养	将上述四项内容切实执行、持之以恒，从而养成习惯 目的：提升"人的品质"，养成对任何工作都有认真态度的习惯

第二节　办公室 6S 管理制度的建立

6S 管理制度主要包括 6S 管理规范和检查评比制度。6S 管理规范对办公室实施 6S 管理的标准做出了规定和说明。6S 检查评比制度则规定了检查标准、检查机构、检查时间、评比方法等。明确的制度有利于 6S 操作有据可依，有章可循，是 6S 管理工作顺利进行的前提和保障。

一、办公室 6S 管理规范

办公室 6S 管理规范如表 4-2 所示。

表 4-2   办公室 6S 管理规范

6S	管理规范
整理	1. 办公室物品放置要按平行、直角放置，不得出现凌乱现象 2. 除每日必需品外，其他物品不应存放在办公台上 3. 办公桌下除个人垃圾桶外不得放其他任何物品 4. 垃圾桶（公用）及清洁用具须在规划区域摆放 5. 办公室每张办公桌上都配有一套相同的办公文具，不能共用 6. 茶杯、烟灰缸不应置于办公桌上 7. 办公台面应保持干净，抽屉里不应杂乱无章 8. 过时文件要及时处理 9. 文件、资料要分类，平行、直角摆放于文件柜或办公桌上
整顿	1. 设置物品摆放定置管理图，并标注物品责任人 2. 文件、资料等应使用标识，定置管理 3. 需要的文件、资料能在 10 秒钟之内找到 4. 茶杯应放在指定的茶杯架上 5. 办公抽屉应按办公用品资料、文件样品、生活用品等归类、区分摆放，且做好标识 6. 垃圾桶、清洁用品应放在指定场所 7. 人员离开办公台时，应将办公椅推至台下，并使其紧挨办公台平行放置 8. 电源插头应保持干净且用不干胶打印做标识 9. 电话、台历应划定位线 10. 电脑、电话线应束起来，不得凌乱 11. 标语、挂图等应保持有效版本 12. 墙上文件夹应按大小统一归类挂置，且需做目录 13. 过时跟踪卡、图纸等应指定摆放区域，定位放置 14. 文件柜应用标识标明柜内物品及负责人
清扫	1. 地面应保持无灰尘、碎屑、纸屑等杂物 2. 墙角、地板、电脑、空调、墙壁、天花板、排气扇、办公用品等要定期维护，保持干净 3. 办公桌面、抽屉、文件柜应保持整齐 4. 垃圾桶内的垃圾不应超过垃圾桶容量的 3/4 5. 白板应定期进行整理，保持干净
清洁	1. 文具及办公用品应保持清洁并不破损，文件无掉页，标识清楚，封面清洁 2. 工作鞋、工作服应整齐干净 3. 地面、墙壁等无脏印、无灰尘 4. 清洁用具、垃圾桶应保持干净 5. 整理、整顿、清扫应规范化、习惯化，管理人员能督导部署，部署能自发工作
安全	1. 无乱搭线路 2. 电源开关及线路无破损 3. 空调使用有专人负责
素养	1. 每天早上各办公室人员需 5 分钟自检 2. 注意仪容仪表，按规定穿着上班 3. 遵守校规校纪，不做与工作无关的事 4. 按时上下班、不早退、不迟到、不旷工 5. 吸烟到规定场所，不在办公室吸烟 6. 保持良好个人卫生 7. 人员仪容端正、精神饱满、认真工作 8. 下班后须关闭所有用电设备、器件

二、检查评比制度

配合企业 6S 活动长期深入开展，提升办公现场管理水平，把 6S 活动认真贯彻到每一位员工身上，养成良好职业素养，特制订检查评比制度。

1. 检查机构

办公室统一管理企业 6S 的推动工作，负责组建一个由各部门指定人员参加的 6S 管理小组，该小组有权对各部门 6S 开展情况进行指导、监督、检查、评比、奖罚和发布，见表 4-3 所示。

表 4-3 ××学校办公室 6S 管理检查机构

办公室 6S 管理考核领导小组组长：校长　校长负责 6S 的全面工作 副组长：副校长 组员：各科科长及组长负责监督、检查

2. 考核标准

（1）办公室的日常管理检查

① 区域负责人对管辖范围检查每天不少于一次。××学校办公室日常 6S 检查项目及标准见表 4-4 所示。

② 负责人对管辖范围检查每周不少于两次，见表 4-4 所示。

③ 负责人对管辖范围检查每月不少于一次。

④ 负责人办公室对学校各办公室的 6S 相关记录进行检查每月不少于两次。

（2）检查中不符合项的处理　检查采取百分制，主要是对 6S 管理成果进行维持和巩固，对低于 90 分的办公室，负责人要要求办公室进行整改。检查人员检查时发现不符 6S 要求的现象应当场与员工进行沟通（纠正）确认，将不符合现象在"6S 不良现象记录明细表"上详细记录，办公室的组（班）长、值日人员以此为依据完成此人员的"日常 6S 个人考核记录表"记录。

表 4-4 ××学校办公室日常 6S 检查项目及标准

序号	检查项目	6S 标准	分值	评分
1	办公室	办公室有标识且明显	2.5	
		无非必需品	2.5	
2	办公桌	文件、资料整齐放置井然有序	2.5	
		办公桌无非每日必需品	2.5	
		抽屉内物品摆放整齐	2.5	
		私人物品分开、摆放整齐	2.5	
3	台下、地面	除清洁用具外无任何物品	2.5	
		地面保持干净，无垃圾、无污迹及纸屑等	2.5	
		垃圾桶内垃圾未超限度	2.5	
4	办公椅	办公椅、办公桌保持干净、无污迹、灰尘	2.5	
		人离开办公桌后，办公椅推至桌下，且紧挨办公桌平行放置	2.5	
		椅背上无摆放衣服和其他物品	2.5	

续表

序号	检查项目	6S 标准	分值	评分
5	文件柜	柜面干净、无灰尘	2.5	
		柜外有标识，且标识一律贴在左上角	2.5	
		柜内文件（或物品）摆放整齐，并分类摆放	2.5	
		柜内无非必需品	2.5	
		活页夹上有标识，同一部门的活页夹外侧的标识统一	2.5	
		活页夹内有文件目录	2.5	
		文件（夹）实施定位化（斜线）	2.5	
6	人员	按规定穿着	2.5	
		在办公室任何时候无拖鞋，并保持干净	2.5	
		工作态度良好	2.5	
		不在办公区（室）吸烟	2.5	
7	门、窗等	有责任人并标识	2.5	
		门、窗干净、无灰尘、无蛛网	2.5	
		人走后（或无人时）关闭门、窗	2.5	
8	计算机、复印机等	保持干净，无灰尘、无污迹	2.5	
		计算机线束起来，不凌乱	2.5	
9	电话、传真等	保持干净，电话线不凌乱	2.5	
10	其他电器	无人时关闭电源	2.5	
		饮水机保持干净	2.5	
		坏了及时维修（或申报维修）	2.5	
11	其他	目视板定期进行整理，内容及时更新，并保持干净	2.5	
		考核表及时更新，并目视化	2.5	
		有人员去向目视板	2.5	
		当事人不在，有电话"留言记录"	2.5	
		报架上报纸摆放整齐	2.5	
		盆景新鲜	2.5	

注：每项不合格扣 2.5 分。

3．办公室评比

每月各办公室 6S 评比结果将公布。日常检查管理具体由办公室负责。各级考核人员须及时把"6S 不良现象记录明细表"的不符合项按分制转制成"日常 6S 个人考核记录"。每月 4 日前由领导审核后将"6S 不良现象记录明细表"、"日常 6S 个人考核记录"交给办公室，由办公室统一核实、汇总奖罚明细交财务部核算工资。

4．奖惩制度

考核与每一位员工（指除主管级及以上的管理人员）的个人利益直接挂钩。每月份会评出三个优秀办公室，对优秀办公室的每位员工将给予一定奖励。

在 6S 活动中积极主动、有创新做法的员工，经领导批准，也会给予 50～100 元的奖励。

第三节 办公室 6S 管理的实施

明确了办公室 6S 的管理内容及管理规范后,接下来要做的就是实施 6S 活动。在实施过程中,一定要保证全员参与。

一、建立监管组织,明确职责

在办公室推行 6S 管理时,必须建立相应的监管组织,明确职责分工,如表 4-5 所示。

表 4-5　××学校办公室 6S 管理职责

6S 分管负责人: 　负责 6S 实施计划: 　执行层: 　6S 检查组织:

二、特色化管理,张贴人员去向板、门牌

6S 门牌为配合 6S 检查专门订制,统一制作,在门牌上标明了专业具体信息,包括人员简历、爱好等特点。一方面便于检查人员登记检查情况,另一方面促进了员工之间的互相监督,如表 4-6 所示。

表 4-6　××工业学校人员去向板

照片	姓名	职务	去向	联系电话
略	××	教师	休假	××××
略	××	教师	外出学习	××××

三、定置定位

为突出办公室的干净整洁,应将物品进行定位放置,让员工养成良好的习惯。

1. 办公桌上办公用品的摆放规范

总体要求:办公桌上应保持干净,物品摆放应规范、整齐,电脑、电话应放置在黄色标签范围内。办公用品一般的常用品:笔、订书机、涂改液、即时贴、便条纸、橡皮、计算器,集中放置右侧第一抽屉内;书本类可以放置右侧第二抽屉内;个人的参考资料、文件卷宗、空白稿纸、各种表格及个人包等,可放置第三抽屉;左侧有序地放置文件资料,如图 4-1 所示。

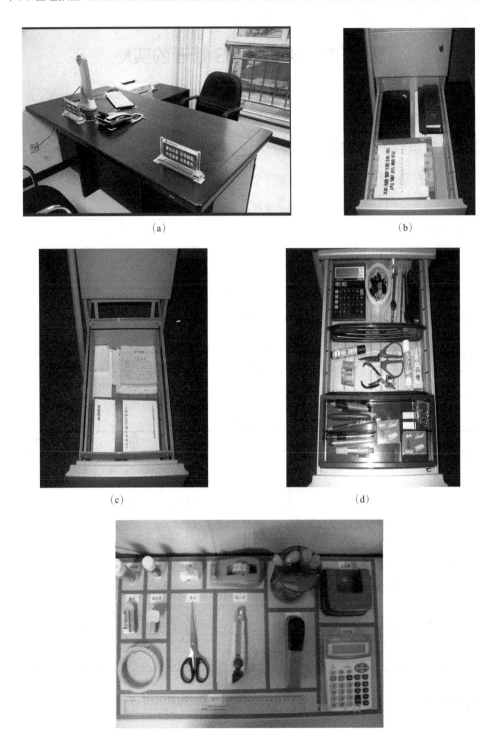

(a)　　　　　　　　　　(b)

(c)　　　　　　　　　　(d)

(e)

图 4-1　办公桌上办公用品的摆放规范

2. 办公桌下用品的摆放规范

① VPS 电源放在主机上靠桌内侧；有主机台的可放置台内，如图 4-2 所示。

② 垃圾篓：罩塑料袋，放置桌下右前角，如图 4-3 所示。

(a)

(b)

图 4-2 VPS 电源放置规范

图 4-3 垃圾篓放置规范

3．办公桌侧面摆放规范

（1）横式屏风 总体要求：内外侧不允许有任何张贴；桌面除笔筒、水杯、电话机、台历、绿色盆栽（从外至内一次内推）、键盘（中间）、显示器（内侧角）、鼠标外，无其他物品；人离开半小时以上应将桌面收拾成规定状态，如图 4-4 所示。

（2）转角式屏风 总体要求：内外侧不允许有任何张贴；桌面除文件架（内侧）、文件盘（内侧）、显示器（中间）、电话（文件盘与显示器中间）、鼠标、绿色盆栽（外侧）、台历外（外侧），不允许放其他物品；人离开半小时以上应将桌面收拾成规定状态，如图 4-5 所示。

图 4-4 横式屏风布置规范

图 4-5 转角式屏风布置规范

4．椅子的摆放规范

总体要求：保持干净，摆放整齐。靠背坐椅一律不能放任何物品，人离开时椅子正，离开半个小时以上，椅子应放回桌面下，如图 4-6 所示。

图 4-6　椅的摆放规范

5．饮水机摆放规范

总体规范：保证饮水机的干净，定期消毒擦洗。放置指定的水吧，不得随意移动；水杯放置指定的水吧台，靠内墙成一排或二排直线；茶叶、咖啡、私人用品等按照顺序放置水吧台上下柜中。如无水吧的部门，可放置办公室最合适的角落，如图 4-7 所示。

(a)　　　　　　　　　　　　　　　　　　(b)

图 4-7　饮水机摆放规范

6．储藏间布置规范

总体要求：门口左侧靠墙处放置纯净水桶，铁皮文件柜；右侧放置有序的杂用品，如图 4-8 所示。

(a)　　　　　　　　　　　(b)　　　　　　　　　　　(c)

图 4-8　储藏间布置规范

7．文件、资料管理规范

总体要求：资料放置标识明显，摆放整齐，并按类型放置，如图 4-9 所示。

① 将档案、文件夹排列顺序并编号。

② 用有颜色的标签，做醒目的颜色整理。

③ 在资料夹上划上斜线。

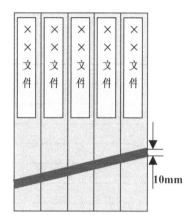

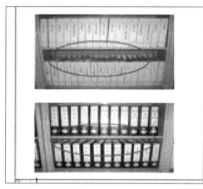

图 4-9　文件柜文件夹放置规范

8．电脑线、网线、电话线

电脑线、网线、电话线有序地固定放置。

9．报刊

阅完后必须上报架，或放入办公桌内。

四、员工仪容仪表规范

仪容仪表基本要求：整洁大方，规范得体，见表 4-7 所示。

表 4-7　员工仪容仪表规范

1．发型篇：头发干净整齐，不做奇异发型，不染彩发	2．首饰篇：只允许戴一枚婚戒和一对耳钉	3．仪容篇：女士可化淡妆，男士不留胡须；指甲不能超过 1mm，且不允许涂指甲油

五、附则

（1）规定未尽事宜以公司员工手册或其他有关规定为准。

（2）规定的解释、修订及废止权归公司行政部门。

（3）规定自颁发之日起开始生效。

示例 1　办公室——5 分钟自检

办公室——5 分钟、10 分钟自检见表 4-8 所示。

表 4-8　办公室——5 分钟、10 分钟自检

区分活动内容		自检
5 分钟 6S 活动	1. 检查你的着装状况和清洁度	
	2. 检查是否有物品掉在地上，将掉在地上的物品都捡起来，如回形针、文件及其他	
	3. 整理并彻底清洁桌面	
	4. 检查存放文件的位置，将文件放回应该放置的位置	
	5. 扔掉不需要的物品，包括抽屉内的私人物品	
	6. 检查档案柜、书架及其他家具等，将放置不恰当的物品改正过来	
10 分钟 6S 活动	1. 实施上述 5 分钟 6S 活动的所有内容	
	2. 用抹布擦干净计算机、传真机及其他办公设备	
	3. 固定可能脱落的标签	
	4. 清洁地面	
	5. 扔掉垃圾篓内的垃圾	
	6. 检查电源开关、门窗、空调等是否已关上	

示例 2　办公室 6S 诊断检查表

办公室 6S 诊断检查表，见表 4-9 所示。

表 4-9　办公室 6S 诊断检查表

序号	项目	检查项目	配分	得分	改善计划
1	整理	1. 是否有定期去除不要物的红牌	3		
		2. 有无归档的规定	3		
		3. 桌、橱柜等抽屉内物品是否为必要的最低限度	3		
		4. 有无不必要的隔间，现场视野是否良好	2		
		5. 是否将桌、橱柜、通路等区域明确划分	2		
		小计	13		
2	整顿	1. 是否按照归档的要求进行文件类归档	2		
		2. 文件等各类物品是否实施定置化和标识（颜色、斜线、标签）	2		
		3. 是否规定用品的放置场所，并进行补充点管理，如最高、最低存量管制	2		
		4. 必要的文件等物品是否易于取用、不用寻找、放置方法正确（立即取出和放回）	2		
		5. 是否规定橱柜、书架的管理责任者	2		
		小计	10		

续表

序号	项目	检查项目	配分	得分	改善计划
3	清扫	1. 地面、桌上是否杂乱	3		
		2. 垃圾箱是否积得很满	3		
		3. 配线是否杂乱	3		
		4. 给水间是否有管理责任者的标示	3		
		5. 给水间是否干净、明亮	3		
		6. 是否有分工负责清扫制度，窗、墙、天花板、办公桌、通道、办公场所地面以及作业台是否干净，办公设施是否干净、无灰尘	3		
		小计	18		
4	清洁	1. 办公设备是否按规定定期清洁	3		
		2. 抽屉里是否杂乱	3		
		3. 私人物品是否放在指定处所	3		
		4. 下班时桌上是否整洁	3		
		5. 有无穿着规定服装	3		
		6. 排气和换气的情况如何，空气中是否有灰尘或污染的味道	3		
		7. 光线是否足够，亮度是否合适	3		
		小计	21		
5	素养	1. 有无周业务进度管理表	2		
		2. 本部门重点目标、目标管理等是否进行目视化	2		
		3. 有无规定公告栏公告文件是否过期	2		
		4. 接到当事者不在的电话有无做备忘记录	2		
		5. 是否有告知方式表示出差地点与回来时间等	2		
		6. 是否有文件传阅规定	2		
		7. 是否积极参加晨操	2		
		8. 是否每天在下班时执行 5 分钟 6S 活动	2		
		9. 工作人员是否仪容端正、精神饱满、认真工作	2		
		小计	18		
6	安全	1. 对危险品是否有明显的标识	2		
		2. 各安全出口的前面是否有物品堆积	2		
		3. 灭火器应在指定位置放置及处于可使用状态	2		
		4. 消火栓的前面或下面不能有物品放置	2		
		5. 空调、电梯等大型设施、设备的开关及使用应指定专人负责或制定相关规定	2		
		6. 电源、线路、开关、插座有否异常现象出现	2		
		7. 是否有违章操作的现象	2		
		8. 对易倾倒物品是否采取防倒措施	2		
		9. 是否有健全的安全机构及规章制度	2		
		10. 是否定期进行应急预案的演习	2		
		小计	20		
		合计	100		

评语：	检查人：

示例 3：6S 不良现象记录明细表

6S 不良现象记录明细表，见表 4-10 所示。

表 4-10　6S 不良现象记录明细表

部门：　　　　　　　　　班组：

序号	姓名	日期	不良现象描述	检查人	备注

备注：此表由使用部门保管，次月 4 日前交行政部。

示例 4：日常 6S 个人考核记录

日常 6S 个人考核记录，见表 4-11 所示。

表 4-11　日常 6S 个人考核记录

部门：　　　　　　　　　审核：

序号	姓名	1	2	3	4	5	6	7	8	…	31	总计

编制：　　　　　　　　　审核：　　　　　　　　　批准：

第五章

教室 6S 管理

为让学生更快地融入企业文化，了解企业管理，可在学校打造安全、文明、健康、有序的学习生活环境，让学生养成良好的生活习惯，将企业 6S 管理引入学生的管理中。它是学生管理的基础，校企合作的桥梁，是实现学生与就业岗位零对接有效的方法，是企业文化与班级文化的有机结合。实施并开展 6S 活动，不但教育学生学会做人，学会劳动，还会促进学生的自尊、自立，从而促成自我约束、自我管理，形成企业最需要的人才。

第一节　教室 6S 管理的主要内容

教室 6S 管理主要内容见表 5-1 所示。

表 5-1　教室 6S 管理的主要内容

6S	主要内容
整理	将教室内的物品分为必要的和不必要的，必要的留下来，其他的都消除掉 目的是腾出空间，塑造清爽轻松的学习环境
整顿	对整理的物品进行科学合理的布置、摆放、陈列，对整理的工作要落实，确定物品的放置场所，规定放置方法，有明确的物品标识 目的：（1）对教室内的物品一目了然；（2）营造整齐的教室环境；（3）消除寻找物品的时间；（4）提高效率
清扫	即对教室的检查，将环境保持在物品有序、干净整洁的状态 目的：随时保持一个整洁、明快、舒畅的教室环境，保证优质、高效的学习
清洁	在整理、整顿、清扫的基础上对教室环境认真维护，保持最佳完美状态，它是前 3 项的继续与细化，并形成制度化、规范化
安全	安全是学生管理工作的重中之重，是学生进行正常学习与生活的基础 目的：通过安全教育和安全管理，增强学生的安全意识，防止事故的发生，使学生的学习能够顺利进行
素养	每位学生养成良好的习惯，培养积极进取的精神 目的：培养具有良好习惯，遵守规则的学生，营造团队精神

第二节　教室 6S 管理制度

为推动教室 6S 管理的实施，首先需要建立学生教室 6S 管理规范。

一、教室 6S 管理规范

教室 6S 管理规范如表 5-2 所示。

表 5-2　教室 6S 管理规范

6S	教室 6S 管理规范
整理	1. 班级卫生角及讲台桌布置、桌椅等班级物品摆放按照统一规范 2. 班牌及班级宣传、学习园地等的布置要规范统一 3. 学生课桌只保留文具、课本等其他物品整齐摆放在抽屉里
整顿	1. 课桌内无不用和无用物品，课桌内外物品统一摆放整齐 2. 桌面上不得摆放多余书、物，允许摆放物包括随堂用书本、习题集和作业本（左），必须用文具（中），水杯或水瓶（限一只，放于右侧） 3. 讲台放在教室前面中央处 4. 课桌椅按要求放置整齐 5. 在教室前墙壁开设布告栏、宣传栏，教室后墙壁开设团支部园地栏（"团员之窗"）、学习园地栏及卫生角 6. 卫生角放置垃圾桶及卫生工具（如扫帚、簸箕、拖把、抹布等） 7. 展示班级文化的标语口号（班训班风）布置在前黑板正上方 8. 教室左右两侧墙面要进行一些必要的文化装饰 9. 饮水机设置于固定位置 10. 时钟置于固定位置
清扫	1. 课桌（椅）脚清扫 2. 黑板及板槽、门窗玻璃、窗台等每天要擦洗，无灰尘无杂物 3. 地面应每天清扫，地面不应有瓜子壳、果皮、纸屑，并不定时进行室内外卫生清扫 4. 地面每周拖洗 5. 安全设施应清扫
清洁	1. 墙面应干净、无脚印等 2. 教室的门窗清洁无尘无杂物 3. 地面洁净无积水、积块 4. 按整理原则取放物品，按整顿原则存放物品，按清洁原则清洁物品 5. 卫生工具清洁并在卫生角整齐摆放 6. 讲台、课桌椅清洁并排列整齐，教室墙壁无乱涂、乱画、乱贴现象，保持清洁 7. 未经许可的教室装饰物品必须清除，要避免教室布置过于花哨 8. 及时清除学习生活中的废弃物品 9. 电视机、电扇清洁无积尘 10. 宣传栏、公告栏、团支部园地栏、卫生角布置合理美观
安全	1. 危险品应明确标识 2. 安全标识应齐备 3. 消防设施应定置放置并处于可用状态 4. 严禁学生携带易燃、易爆、有毒、有害等物品进入教室 5. 放学后负责同学要关好门、窗、灯、电扇，并切断一切电源 6. 不得在无保护措施条件下擅自登高擦洗室外窗玻璃、电扇等，防止发生意外事故 7. 不得在教室内无理顶撞教师或学生干部，人为制造矛盾或安全隐患，严禁任何打架斗殴行为 8. 不应乱搭线路 9. 不得破坏电源线路及开关
素养	1. 注重仪容仪表 2. 不得在禁烟区吸烟 3. 不随地吐痰 4. 遵守校纪校规，按时上下学，不迟到、旷课、上课不违纪、作业认真完成、同学间互帮互教等 5. 节约用电 6. 爱护公物 7. 不得在桌椅上乱刻乱画 8. 保护室内外一切公共设施

二、检查评比制度

"一切为了学生，为了学生的一切，为了一切学生"这是学校的办学宗旨。学校是一个为学生服务的场所，为了给学生创造一个"净、静、敬"的学习和生活环境，使学生日常管理工作制度化、规范化，更适应中职学校学生的特点和用人企业的实际要求，提升学生职业素养和校园文化建设层次，创出学生管理的特色，特制订学生教室 6S 管理考核办法。

1. 组织机构

学校在学生班级管理中全面实施 6S 管理，成立学生班级 6S 管理考核领导小组，具体负责全校学生班级 6S 管理的组织、协调工作；成立学校班级考核小组，校学生科干事第一责任人，全面负责本校班级 6S 的管理、组织、考核和推动工作，生活部主席负责考核的具体实施，见表 5-3 所示。

表 5-3 ××学校 6S 教室管理组织机构

班 级 6S 管理考核领导小组组长：学校校长
副组长：副校长
组员：学生科干事、生活部主席等

2. 考核标准

（1）班级的日常管理

① 学校（周一至周五）每天对所有班级进行检查，要求每天 16 点以前公布当天的检查，日常管理与检查采取 10 分制，主要是对 6S 管理成果进行维持和巩固，对低于 9 分的班级，学校要对该班级进行整改。

② 学生科干事每周参与 2 次以上（包含 2 次）的日常检查，以保证日常检查的质量，并参与对日常检查情况整改的督促。

③ 校学生会生活部每天的例行检查和学生科每周 2 次以上的普检考核标准如下，见表 5-4 所示（共计 10 分）。

表 5-4 班级日常 6S 检查项目及标准

序号	检查项目	6S 标准	分值	评分
1	教室门前	教室门前无垃圾，围墙干净	0.5	
2	地面	地面保持干净，无垃圾、无污迹及纸屑等	1	
		窗台上不放置任何物品	0.5	
3	教室内玻璃（包括门玻璃）	玻璃上污迹、手印	0.5	
4	桌、椅	椅、桌保持干净、无污迹、灰尘	0.5	
		椅背上无摆放衣服和其他物品	0.5	
		学习物品、生活用品整齐放置实施定位管理	1	
		桌子上无非每日必需品	0.5	
5	墙面及窗户	窗户、墙上贴物保持美观	0.5	
		门、窗、电箱干净、无灰尘、无蛛网	0.5	
		人走后（或无人时）关闭门、窗	0.5	
		不在教室内吸烟	0.5	

续表

序号	检查项目	6S 标准	分值	评分
5	墙面和窗户	有责任人并标识	0.5	
		无人时关闭电源	0.5	
6	仪容仪表	校服穿着要统一、整齐，校服表面不能有字画	0.5	
		不准戴首饰（耳环、耳钉、项链、手链、戒指、佩玉等）	0.5	
		不准涂粉底、口红、指甲油等（演员演出时除外）		
		无特殊情况不准穿拖鞋，不准穿高跟鞋		
		不留长发、不染发、不梳怪发、不乱发	0.5	
		佩戴校卡	0.5	

（2）考核标准

① 玻璃不净，扣 0.5 分。

② 教室内外地面未扫扣 5 分，已扫但不干净酌情扣分。

③ 佩戴首饰及化妆扣 1 分。

④ 垃圾未装袋、未及时送垃圾站扣 1 分。

⑤ 乱摆乱放扣 1 分（包括桌子上物品摆放不齐、个人用品、扫除物品摆放不齐等）。

⑥ 头发不符合标准扣 2 分。

⑦ 校服未穿扣 2 分（包括穿着不整齐，表面写有字画等）。

3．班级 6S 管理评比

每月各班班级 6S 评比以 6S 简报方式公布，日常检查管理具体由学校生活部学生会成员负责，各楼学生科参与每周不少于两次的检查，校学生会每月以公检（普检）和抽检相结合。

（1）评分依据　所有得分均以基本分 100 分计算，学校领导对各楼班级不定期督查和公检依《学校班级 6S 督察评分表》标准进行扣分；学校学生日常管理依"考核标准"进行扣分。

（2）评分组成

① 日常管理督察得分为：基本分 100 减去所扣分数。

② 每月 2 次公检，公检为普检，其得分为：基本分 100 减去所扣分数。

③ 每月 2 次不定时督查，每次督查抽检 50% 教室，其得分为：（抽查教室间数×100−扣分总分）÷抽查教室间数。

④ 得分计算公式：月评分=日常管理督察得分的平均值×40%+不定时督察得分平均值×40%+公检得分平均值×20%。

4．奖惩制度

对排名第一的班级给予 200 元的班费补助，排名第二的班级给予 100 元的班费补助，排名第三的班级给予 50 元的班级奖励。

附件 1　学校各班班级 6S 督察（定时、不定时、自查）评分表

附件 2　班级 6S 督察缺失联络单

附件 1　学校各班班级 6S 督察（定时、不定时、自查）评分表

督察时间　年 月 日

督察大项	督察小项	评分标准	扣分项目	扣分	得分
安全（20 分）	1. 不随意进入他人班级	每违反一项扣 3 分，扣完为止			
	2. 不允许点蜡烛、抽烟、赌博、打麻将				
	3. 严禁使用热得快、电炉、电暖器、电热毯、电吹风等大功率电器				
	4. 不允许私拉乱接电源				
	5. 人未在场时没有电器在充电				
	6. 不得坐在二楼以上的窗口或栏杆上				
	7. 不向窗外抛丢任何物件				
	8. 不得在教室内无理顶撞教师或学生干部，人为制造矛盾或安全隐患，严禁任何打架斗殴行为，窗台上不放置任何物品				
	9. 班级内不允许存放贵重物品、现金				
	10. 严禁收藏或拥有任何危险物品或管制刀具、棍棒				
	11. 严禁学生携带易燃、易爆、有毒、有害、色情书刊等物品进入教室				
	12. 落实教室防火、防盗等安全保卫措施				
整理（15 分）	1. 教室内没有杂物，没有卫生死角，没有堆放杂物的角落	每违反一项扣 3 分，扣完为止			
	2. 课桌内无不用和无用物品				
	3. 无多余桌椅				
	4. 留下能使用的扫除用具				
整顿（20 分）	1. 课桌内外物品统一摆放整齐	每违反一项扣 3 分，扣完为止			
	2. 教室开设布告栏、学习园地				
	3. 讲台、石英钟按规范放置				
	4. 扫除用具、课桌椅按规范放置				
	5. 学生桌格内书本放置要整齐				
	6. 室内电线、网线布置规范				
	7. 严禁在墙上挂衣服				
	8. 玻璃洁净，无灰尘，不乱贴乱挂				
清扫（15 分）	1. 地面干净，无积水	每违反一项扣 3 分，扣完为止			
	2. 窗户玻璃干净无污物				
	3. 墙面无脚印、球印				
	4. 电视机、饮水机干净无灰尘				
	5. 讲桌上无粉笔灰				
清洁（15 分）	1. 有教室内物品摆放的标准和检查、监督制度，并落实到位	每违反一项扣 3 分，扣完为止			
	2. 要有卫生打扫、检查、保持的制度				
	3. 教室卫生管理责任明确				
	4. 教室空气良好				

续表

督察大项	督察小项	评分标准	扣分项目	扣分	得分
素养（15 分）	1. 不准在教室内追逐打闹	每违反一项扣 3 分，扣完为止			
	2. 穿戴整齐				
	3. 制度健全、职责明确				
	4. 没有打架、斗殴、谩骂同学现象				
	5. 头发符合标准				

附件 2　学校班级 6S 督察缺失联络单

联络单

督察人　　　　　　　　　　　　　　督察时间　　　　年　月　日

班级 6S 缺失项

指导意见

班级 6S 缺失项整改情况

第三节　教室 6S 管理的实施

一、建立监管组织，明确职责

在学校班级推行 6S 管理时，必须建立相应的监管组织，明确职责分工，具体负责 6S 监察计划统筹、组织安排、考核评比等工作。以楼或专业为单位，可建立三级管理机制，由学校领导组成领导层，作统筹安排；学生管理人员及班主任负责 6S 的宣传动员和落实；学生会成员具体负责 6S 的常规检查、结果统计，见表 5-5 所示。

表 5-5　教室 6S 职责分工

教室 6S 管理职责分工
6S 分管负责人：
负责 6S 实施计划：
执行层：
6S 检查组织：

二、特色化管理，张贴门牌

6S 门牌是为配合 6S 检查专门订制，统一制作的，在门牌上标明各班级的具体信息，包括教室号、所在班级、班主任等特点。一方面便于检查人员登记检查情况；另一方面促进了学生之间的互相监督，如图 5-1 所示。

图 5-1　门牌信息

三、定置定位

为突出教室内的干净整洁，应将物品进行定位放置，让学生养成良好的习惯，早些适应企业的文化。

1. 班级卫生角布置规范

总体要求：卫生工具要保持清洁，按标示图摆放整齐、规范。布挂在扫把上方，扫把直挂在簸箕的右侧，簸箕摆放在卫生角的最左边，拖把垂直挂在布的右侧，垃圾桶摆放在拖把的右侧，套上垃圾袋，靠在墙壁上，"电子学校"的字样朝外，如图 5-2 所示。

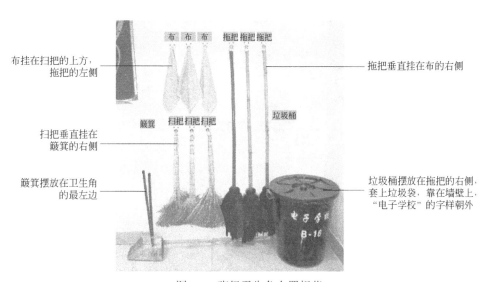

图 5-2　班级卫生角布置规范

2. 讲台桌布布置规范

总体要求：讲台要保持清洁，按标示图摆放整齐、规范。粉笔盒摆放在讲台的左上角，座位表摆放在粉笔盒的正下方，绿色植物摆放在电教面板的左侧，讲台桌面要保持清洁，不摆放杂物，见图 5-3 所示。

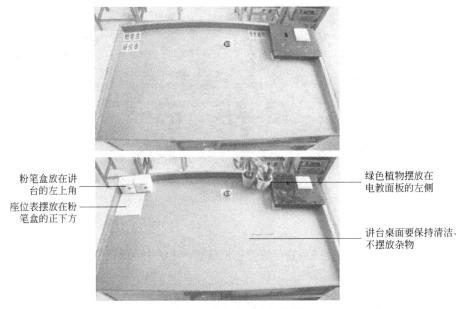

粉笔盒放在讲
台的左上角

座位表摆放在粉
笔盒的正下方

绿色植物摆放在
电教面板的左侧

讲台桌面要保持清洁，
不摆放杂物

图 5-3 讲台桌布布置规范

3．桌椅摆放规范

总体要求：桌椅按黄色标示线排列整齐，课桌椅保持清洁，不乱涂乱画。同桌桌椅要并排对齐，椅子统一摆放在桌子正下方，桌子上脚必须靠在黄色标示线上，如图 5-4 所示。

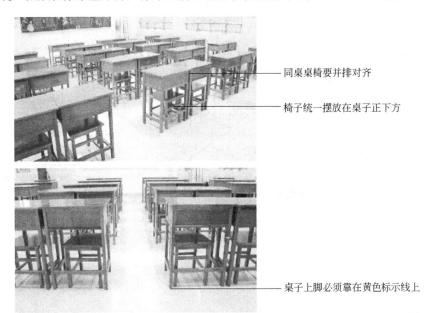

同桌桌椅要并排对齐

椅子统一摆放在桌子正下方

桌子上脚必须靠在黄色标示线上

图 5-4 桌椅摆放规范

4．文明标语摆放规范

总体要求：放置在易于观看位置，如图 5-5 所示。

图 5-5　文明标语摆放规范

5．班角摆放规范（如图 5-6 所示）

图 5-6　班角摆放规范

6．饮水机摆放规范

总体要求：按照黄色标示线放置，饮水机要保持干净，且要定期进行清洗和消毒，如图 5-7 所示。

四、学校学生仪容仪表

仪容仪表基本要求：整洁大方，规范得体、阳光健康、符合中学生身份，如图 5-8 所示。

图 5-7 饮水机摆放规范   图 5-8 学生仪容仪表规范

五、组织考核，公布结果

要想取得 6S 管理的良好实效，需要将其落实为一项制度化、常规化、长期化的工作。将学生班级 6S 管理纳入学生管理体系，作为其中重要的一部分，与班级考评、班主任业绩考核、学生评优评先等挂钩，提高学生的重视程度，保障 6S 的顺利进行，同时再反过来体现 6S 管理的积极意义，使整个 6S 管理纳入良性循环中，见表 5-6 所示。

表 5-6 各班级 6S 管理考核结果

班级	班级得分	是否优秀
13 数控 1 班	10	是
13 数控 2 班	6	
13 数控 3 班	9	
13 铆工 1 班	10	是
13 铆工 2 班	9	
13 铆工 3 班	9	
13 汽修 1 班	8	
13 汽修 2 班	10	是
13 汽修 3 班	8	
13 焊接 1	6	
13 焊接 2	10	是

班级	班级得分	是否优秀
13 焊接 3	8	
13 焊接 4	8	
13 焊接 5	10	是

　　6S 不仅方便了学校及班主任的管理,更是为了促进学生养成良好的学习、文明习惯,提升学生的个人品质,进而全面提高学生综合素质,实现"人造环境,环境育人"。这才是学校实施6S 管理的根本目的所在。

第六章

学生宿舍 6S 管理

结合企业 6S 管理理念，将其引入到中职学校的学生管理工作中，再落实学生的宿舍管理上有着积极的作用。学生宿舍管理是学生工作的一部分，是推进学校 6S 管理的重要力量，所以具有必要性和可行性。学校应切实发挥 6S 管理的良好作用，概括起来主要有以下几点。

（1）中职学校的培养目标在于为社会和企业培养一线技术工人，将企业的管理理念与学生管理紧密结合，实现零对接。

（2）开展 6S 有助于强化中职学校学生的日常管理和养成教育。

第一节　学生宿舍 6S 管理主要内容

将企业 6S 管理理念引入到职业学校的学生宿舍管理中来使校园化，赋予 6S 校园宿舍化的概念、标准、要求和做法，即是学生宿舍 6S 管理。它的主要内容见表 6-1 所示。

表 6-1　学生宿舍 6S 管理的主要内容

6S	主要内容
整理	将宿舍内的物品分为必要的和不必要的，必要的留下来，其他的都消除掉 目的是腾出空间，空间活用，塑造清爽的学习生活环境
整顿	将生活和学习必需品及常用品归纳整理，按照整齐划一的格局放在便于取放的位置上，使之井井有条、井然有序 目的是营造整整齐齐的生活环境
清扫	将宿舍内看见看不见的地方清扫干净，保持干净、亮丽的环境 目的是清除脏污，创建明快、舒适的生活环境
清洁	维持上面的 3S 成果
安全	安全是学生管理工作的重中之重，也是学生宿舍管理的根本保障 目的是通过安全教育和安全管理，增强学生的安全意识，防止事故的发生，使宿舍生活在平稳的状态下顺利进行
素养	每位学生养成良好的习惯，并遵守规章做事，培养积极主动的精神（也称习惯性） 目的是培养好习惯、遵守规章的学生，营造团队精神

第二节　6S 宿舍管理制度的建立

6S 管理制度主要包括 6S 管理规范和 6S 检查评比制度。6S 管理规范对学生宿舍实施 6S 管理的含义、要求和具体内容做出了规定和说明。6S 检查评比制度则规定了检查标准、检查机构、检查时间、评比方法等。明确的制度有利于 6S 操作有据可依，有章可循，是 6S 管理工作顺利进行的前提和保障。

一、宿舍 6S 管理规范

宿舍 6S 管理规范如表 6-2 所示。

表 6-2　宿舍 6S 管理规范

6S	管理规范
整理	1. 不要的物品应及时清除 2. 人员变动后，其床位标识应及时更新 3. 衣服晾晒应按照指定地点操作 4. 待清洗物品的摆放应适宜 5. 不应随意乱贴图片
整顿	1. 行李包、箱应定置放置，摆放整齐 2. 储存箱标识清晰，定点放置 3. 床位放置应整齐、标识齐全 4. 床上用品应定点放置，摆放应整齐 5. 蚊帐张挂应适宜，床铺应整齐 6. 工作台、凳应定点放置 7. 鞋、水桶、脸盆、水壶应定点放置 8. 洗漱用品应定位管理 9. 通道应保持畅通 10. 水、电设施应完好 11. 消防用品应符合使用要求 12. 应急照明应保持正常运行 13. 门、窗、床铺应完好
清扫	1. 不用的物品应被清走 2. 地面不应有瓜子壳、果皮、纸屑 3. 地面应每天清扫 4. 安全设施应清扫
清洁	1. 墙面应干净、无脚印等 2. 电源开关、电风扇、灯管应保持清洁 3. 电话、热水器、煤气罐应保持干净 4. 行李包、贮存箱应干净 5. 床上用品应清洁、无异味 6. 楼梯、通道、楼梯扶手应干净 7. 水杯、饭盒、水壶应干净 8. 洗手间、洗脸台应清扫
安全	1. 危险品应明确标识 2. 安全标识应齐备 3. 消防设施应定置放置并处于可用状态 4. 通道应保持畅通 5. 不应乱搭线路 6. 床位应结实 7. 不得破坏电源线路及开关 8. 煤气未用时应关闭

续表

6S	管理规范
素养	1. 注重仪容仪表 2. 不应在禁烟区吸烟 3. 不随地吐痰 4. 按时上、下班 5. 遵守厂纪厂规，按时就寝

二、宿舍 6S 检查评比制度

学校学生宿舍为了给学生创造一个干净、整洁、舒适、有序、安全、稳定的学习和生活环境，使学生宿舍管理工作制度化、规范化，更适应中职学校学生的特点和用人企业的实际要求，提升学生职业素养和校园文化建设层次，创出学生管理的特色，特制订学生宿舍 6S 管理考核办法。

1. 组织机构

学校在学生宿舍中全面实施 6S 管理，成立学生宿舍 6S 管理考核领导小组，具体负责全校学生宿舍 6S 管理的组织、协调工作；成立学生宿舍考核小组，以校舍务部学生副主席为第一责任人，全面负责本校学生宿舍 6S 的管理、组织、考核和推动工作，见表 6-3 所示。

表 6-3 ××学校宿舍 6S 管理组织机构

学生宿舍 6S 管理考核领导小组 组长：学校校长 副组长：副校长 组员：舍务部学生副主席等

2. 考核标准

（1）宿舍的日常管理、检查及考核标准

① 学校（周一至周五）每天对所属学生宿舍进行自查，要求每天 12 点以前公布当天的检查，日常管理与检查采取 10 分制，主要是对 6S 管理成果进行维持和巩固，对低于 9.5 分的寝室，学校要对该寝室进行整改。

② 宿舍值班室每周参与 2 次以上包含 2 次的日常检查，以保证日常检查的质量，并参与对日常检查情况整改的督促。

③ 校学生会每天的例行检查和宿舍值班员每周两次以上的普检考核标准，见表 6-4 所示（共计 10 分）。

表 6-4 宿舍 6S 检查项目及标准

序号	检查项目	6S 标准	分值	评分
1	寝室门前	寝室门前无拖把、簸箕、纸篓	0.5	
		垃圾装袋并及时送垃圾站	0.5	
2	地面	地面保持干净，无垃圾、无污迹及纸屑等	1	
		抽屉内物品摆放整齐，学习物品、生活用品整齐放置井然有序	0.5	
3	床铺	床铺整齐干净	0.5	

续表

序号	检查项目	6S 标准	分值	评分
4	桌、椅	椅、桌保持干净、无污迹、灰尘	0.5	
		椅背上无摆放衣服和其他物品	0.5	
		学习物品、生活用品整齐放置井然有序	1	
		桌子上无非每日必需品	0.5	
		洗漱用品实施定位化	1.5	
5	墙面及窗户	窗户、墙上贴物保持美观	0.5	
		门窗干净、无灰尘、无蛛网	0.5	
		人走后（或无人时）关闭门、窗	0.5	
		不在寝室内吸烟	0.5	
		有责任人并标识	0.5	
		无人时关闭电源	0.5	

（2）考核标准

① 拖把、簸箕、纸篓发现在外，扣 0.5 分。

② 室内地面未扫扣 5 分，已扫但不干净酌情扣分。

③ 室内未锁门扣 1 分。

④ 垃圾未装袋、未及时送垃圾站扣 0.5 分。

⑤ 一床被子未叠扣 1 分。

⑥ 乱摆乱放扣 1 分（包括本人不在却将手机放在室内充电、鞋子摆放不齐、桌子上物品摆放不齐、个人用品摆放不齐等室内零乱等）。

⑦ 乱贴乱挂扣 0.5 分（包括衣服挂在墙上，窗户、墙上、贴物不美观、不整齐）。

3．学生宿舍 6S 管理评比

每月学生宿舍 6S 评比以 6S 简报方式公布，日常检查管理具体由学校舍务部学生会负责，各宿舍值班员参与每周不少于 2 次的检查，校学生会每月以公检（普检）和抽检相结合的方式进行检查。

（1）评分依据　所有得分均以基本分 100 分计算，学校领导对学生宿舍不定期督查和公检依《学生宿舍 6S 督察评分表》标准进行扣分；学校舍务部日常管理依"考核标准"进行扣分。

（2）评分组成

① 日常管理督察得分为基本分 100 减去所扣分数。

② 每月 2 次公检，公检为普检，其得分为基本分 100 减去所扣分数。

③ 每月 2 次不定时督查，每次督察抽检 50%的宿舍，其得分为（抽查寝室间数×100−扣分总分）÷抽查寝室间数。

④ 得分计算公式：月评分=日常管理督察得分的平均值×40%+不定时督察得分平均值×40%+公检得分平均值×20%。

附件 1：学校学生宿舍 6S 督察（定时、不定时、自查）评分表

附件 2：学生宿舍 6S 督察缺失联络单

学校学生宿舍 6S 督察（定时、不定时、自查）评分表，见表 6-5 所示。

表 6-5　学校学生宿舍 6S 督察（定时、不定时、自查）评分表

督察时间　年 月 日

督察大项	督察小项	评分标准	扣分项目	扣分	得分
安全（20 分）	1．男生不进女生寝室，女生不进男生宿舍	每违反一项扣 3 分，扣完为止			
	2．不留宿外人，不在外住宿或租房				
	3．严禁使用热得快、电炉、电暖器、电热毯、电吹风等大功率电器				
	4．严禁点蜡烛、抽烟、赌博、打麻将				
	5．宿舍内没有锅具，没有在宿舍内生火、做饭、吃饭的行为				
	6．不允许私拉乱接电源				
	7．人未在场时没有电器在充电				
	8．寝室内没有酒瓶，没有在宿舍内喝酒的行为				
	9．不得坐在二楼以上的窗口或栏杆上				
	10 没有爬围墙、爬电缆线、爬护栏等进宿舍行为				
	11．不向窗外抛丢任何物件				
	12．窗台上不放置任何物品				
	14．宿舍内不允许存放贵重物品、现金				
	15．严禁浏览不健康或反动网站、观看及传播淫秽报刊及音像制品				
	16．严禁收藏或拥有任何危险物品或管制刀具、棍棒				
	17．较好地掌握防火、防盗知识				
整理（15 分）	1．宿舍内没有杂物，没有卫生死角，没有堆放杂物的角落	每违反一项扣 3 分，扣完为止			
	2．阳台上没有堆放塑料瓶和其他废弃物				
	3．宿舍内物品要根据季节、温度变化及时清理				
	4．桌椅等物件用完后及时归原				
	5．床上除被褥、床单、枕头外不能放置其他物品，床下用来放置鞋子				
	6．洗漱用品、暖瓶要统一放在洗漱间，衣物和其他小物品放在衣柜内，较大的箱子统一放在房间阁楼上				
整顿（20 分）	1．被子一律叠成方块，被口朝走廊 45°角摆放，枕头放在床的另一头，床单平整	每违反一项扣 3 分，扣完为止			
	2．蚊帐统一用夹子夹好，呈 45°角				
	3．床下鞋子按统一方向，成一线排开				
	4．衣物放入指定的衣柜内，毛巾晾在指定位置				
	5．牙杯、牙膏、牙刷按规范放置				
	6．宿舍内劳动工具要统一放置				
	7．学生宿舍桌子上书本放置要整齐				
	8．室内电线、网线布置规范				
	9．严禁在墙上挂衣服				
	10．玻璃洁净，无灰尘，不乱贴乱挂				
清扫（15 分）	1．每天至少打扫宿舍卫生 2 次，垃圾及时清理，并做好宿舍卫生的保洁	每违反一项扣 3 分，扣完为止			

续表

督察大项	督察小项	评分标准	扣分项目	扣分	得分
清扫（15 分）	2. 生活用品、床铺要每天进行整理，鞋子要每天进行整理，宿舍桌子上的物品要每天至少进行整理 2 次	每违反一项扣 3 分，扣完为止			
	3. 天花板、墙角无蜘蛛网、风扇、灯管无灰尘				
	4. 门窗、纱窗、玻璃洁净，无灰尘				
	5. 床底下要定时清扫，不准有浮尘				
	6. 厕所、洗漱间地面洁净，洗漱池、便池洁白，没有污垢				
清洁（15 分）	1. 有宿舍物品摆放的标准和检查、监督制度，并落实到位	每违反一项扣 3 分，扣完为止			
	2. 要有卫生打扫、检查、保持的制度				
	3. 宿舍卫生管理责任明确				
	4. 宿舍空气良好				
	5. 宿舍各种物品布置良好，美观大方，格调高雅				
素养（15 分）	1. 按时起床、盥洗，整理寝室内务——挂帐、叠被、扫地	每违反一项扣 3 分，扣完为止			
	2. 摆放整齐有规律，宿舍卫生干净，窗明几净				
	3. 有幽雅、高尚的宿舍文化，制度健全、职责明确				
	4. 没有打架、斗殴、谩骂同学现象				
	5. 寝室成员文明礼				

学校学生宿舍 6S 督查缺失联络单，见表 6-6 所示。

表 6-6　学校学生宿舍 6S 督察缺失联络单

联络部门			
督察人		督察时间	年　月　日
学生宿舍 6S 缺失项			
指导意见			
学生宿舍 6S 缺失项整改情况			

第三节　宿舍 6S 管理的实施

一、建立监管组织，明确职责

为加强指导和监督，在学生宿舍推行 6S 管理时，须建立相应的监管组织，明确职责分工，具体负责 6S 监察计划统筹、组织安排、考核评比等工作。以楼或专业为例，可建立三级管理机制，由校领导组成领导层统筹安排；学生管理人员及班主任负责 6S 的宣传动员和落实；学生会成员具体负责 6S 的常规检查、结果统计，见表 6-7 所示。

表 6-7　××学校宿舍 6S 管理职责分工

学校宿舍 6S 管理职责分工
6S 分管负责人：
负责 6S 实施计划：
执行层：
6S 检查组织：

二、特色化管理，张贴门牌

为凸显 6S 管理的特色性，增强学生的自我管理、自我约束意识，在 6S 管理实践中，创造性地采用了张贴 6S 门牌这一特殊方式，取得了显著的效果。6S 门牌为配合 6S 检查专门订制，统一制作，在门牌上标明了各宿舍的具体信息，包括寝室号、所在班级、班主任、寝室成员姓名、是否寝室长、学生干部、入党积极分子等先进性特点。一方面便于检查人员登记检查情况；另一方面促进了学生之间的互相监督，见表 6-8 所示。

表 6-8 ××学校寝室门牌信息

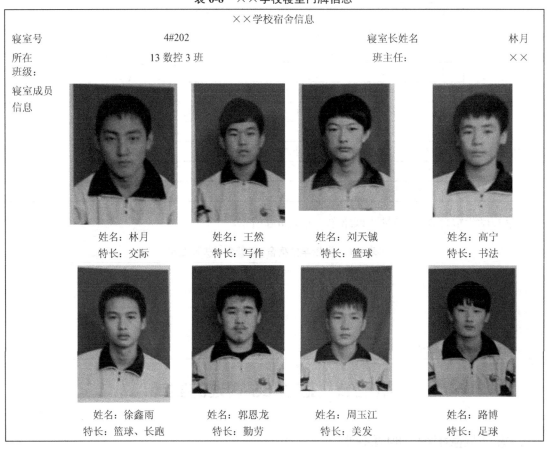

三、定置定位

为突出寝室内的干净整洁，应将物品进行定位放置，这样不会出现乱找一通的现象，为学生将来的工作和生活方面能养成良好的习惯。

1. 洗漱用品布置规范

总体要求：洗漱用品摆放位置保持清洁，摆放规范整齐。牙筒把手向外，牙膏与牙刷倾斜一致，如图 6-1 所示。

2. 床上物品摆放规范

总体要求：床上物品保持干净，且物品摆放规范、整齐。床上按规定只放置被子，被子叠放整齐，且放置在靠窗户一侧；按规定铺放床单被罩，如图 6-2 所示。

图 6-1 牙具摆放规范

图 6-2 被子摆放规范

3. 寝室文明用语规范

总体要求：文明用语张贴合理，位置规范。文明用语张贴在寝室及寝室走廊的墙壁上，且方便学生处观察，如图 6-3 所示。

(a)

(b)

(c)

图 6-3 寝室文明用语规范

4. 生活用品摆放规范

总体要求：摆放物品处干净，且整齐、规范。将洗衣液等物品整齐摆放在窗台上，学习用品等按需有序摆放在桌面上，如图 6-4 所示。

图 6-4　生活用品摆放规范

四、组织考核，公布结果

要想取得 6S 管理的良好实效，需要将其落实为一项制度化、常规化、长期化的工作。将学生宿舍 6S 管理纳入到学生管理的体系中来，作为重要的一部分，与班级考评、班主任业绩考核、学生评优评先等挂钩，提高学生的重视程度，保障 6S 的顺利进行，同时再反过来体现 6S 管理的积极意义，使整个 6S 管理纳入良性循环中，见表 6-9 所示。

表 6-9　寝室 6S 检查情况

填表人：王悦			日期：6 月 2 日		
宿舍 6S 检查情况					
班级	班级房间总数	未达标宿舍号	未打扫宿舍号	达标数	优秀寝室号
13 数控 1 班	2			2	4#200
13 数控 2 班	4		4#204 未打扫卫生	3	4#202
13 数控 3 班	4		4#207 窗台上有物品	3	
13 钳工 1 班	5			5	4#300
13 钳工 2 班	5		4#303 被子未整理 4#305 鞋子摆放不整齐	3	
13 钳工 3 班	6			6	4#308
13 汽修 1 班	3	7#300		2	7#302
13 汽修 2 班	4		7#305 被子放反 7#306 洗漱用品摆放不整齐	2	7#307

班级	班级房间总数	未达标宿舍号	未打扫宿舍号	达标数	优秀寝室号
13 汽修 3 班	5			5	
13 焊接 1	7		7#400 被子不整齐 7#401 脸盆摆放不齐	5	
13 焊接 2	7			7	7#500
13 焊接 3	7	7#506	7#507 地面有纸屑	5	
13 焊接 4	8			8	7#602 7#604
13 焊接 5	7			7	

　　6S 管理不应只是立足于改善学生宿舍管理情况，而要着力于促进学生养成良好的生活、文明习惯，提升学生的个人品质，进而全面提高学生综合素质，实现"人造环境，环境育人"。这才是在学生宿舍实施 6S 管理的根本所在。

附录

附录一 6S 管理试题

6S 管理培训测试题（一）

6S 管理培训测试题

姓名：　　　　　　　　性别：　　　　　　　　得分：

一、填空题（共 15 分，每题 3 分）

1. 6S 指的是：　　　　、　　　　、　　　　、　　　　、　　　　、　　　　。

2. 区分工作场所内的物品为"要的"和"不要的"是属于 6S 中的　　　　范围。

3. 物品乱摆放属于 6S 内容中的　　　　范围。

4. 整顿是要排除　　　　浪费。

5. 整顿的三要素是指：　　　　、　　　　、　　　　。

二、是非判断（错的画"×"，对的画"√"，共 10 分，每题 2 分）

1. 6S 管理是革除人的"马虎之症"的良药，主要以提升人的品质为最终目的。（　　　）

2. 6S 管理只是一个短期的活动，不需长期坚持。（　　　）

3. 清洁不仅要求对企业的物和机做到清洁，也要求企业人在形体上和精神上均做到"清洁"。（　　　）

4. 6S 管理只是为了保障生产安全。（　　　）

5. 对生产现场的物料，只要大家清楚在哪里，不作标示也没有关系。（　　　）

三、多项选择题（共 20 分，每题 2 分，请选择合适的答案）

1. 以下属于"素养"范畴的不良习惯有（　　　）。

　　A. 上班迟到　　　　　　　　B. 不按作业规程操作

　　C. 上班时间上洗手间　　　　D. 随地丢垃圾

2. 公司什么地方需要整理、整顿？（　　　）

　　A. 生产现场　　　　　　　　B. 办公室

　　C. 公司的每个地方　　　　　D. 仓库

3. 整理主要是排除什么浪费？（　　　）

　　A. 时间　　　　　　　　　　B. 工具

　　C. 空间　　　　　　　　　　D. 包装物

4. 整顿中的"3定"是指（　　　）。

    A. 定点、点方法、定标示

    B. 定点、定容、定量

    C. 定容、定方法、定量

    D. 定点、定人、定方法

5. 整理时，要根据物品的什么来决定取舍？（　　　）

    A. 原购买价值

    B. 现使用价值

    C. 是否占空间

    D. 是否能卖好价钱

6. 6S活动推行中，下面哪个最重要？（　　　）

    A. 人人有素养

    B. 地、物干净

    C. 工厂有制度

    D. 生产效率高

7. 清扫在6S管理中的位置是什么？（　　　）

    A. 有空再清扫就行了

    B. 清扫是工程中的一部分

    C. 地、物干净

    D. 生产效率高

8. 6S和产品质量的关系？（　　　）

    A. 工作方便　　　　　　　B. 改善品质

    C. 增加产量　　　　　　　D. 没有多大关系

9. 6S与公司及员工有哪些关系？（　　　）

    A. 提高公司形象　　　　　B. 增加工作时间

    C. 增加工作负担　　　　　D. 安全有保障

10. "目视管理"属于范畴的方法有（　　　）

    A. 划分区域　　　　　　　B. 显示牌

    C. 颜色区分　　　　　　　D. 定位置表示

四、思考题（30分）

1. 谈谈你对6S的理解。（10分）

2. 如果在你所在的部门推行6S，可能遇到的困难是什么？怎么办？（10分）

3. 谈谈"提升自我，从小事做起"在素养中的重要性。（10分）

五、案例分析（25分）

案例分析要求

1. 在以下的每一幅图中，请按6S审核标准，判别出不符合要求的项目和内容，并给出纠正措施；

2. 要求按组别完成，并在纸上写出答案；

3. 每组选出一名代表上台讲解。

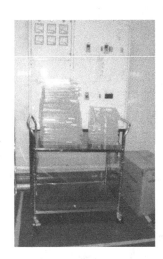

6S 管理培训测试卷（二）

6S 管理培训测试卷

考生姓名：　　　　　　　　　　　　　　考生成绩：

导师签名：　　　　　　　　　　　　　　考试日期：

1. 以下哪一项是整理的例子？（5 分）

    A．所有东西都有标示，30 秒内就可以找到

    B．贮藏的透明度和防止出错方法

    C．抛掉不需要东西或回仓、工作计划表

    D．个人清洁责任的划分及认同和环境明亮照人

    E．履行个人职责（包括优良环境、问责和守时）

2. 以下哪一个是素养的例子？（5 分）

    A．所有东西都有标示，30 秒内就可以找到

    B．贮藏的透明度和防止出错方法

    C．抛掉不需要东西或回仓、工作计划表

    D．个人清洁责任的划分及认同、环境明亮照人

    E．履行个人职责 （包括优良环境、问责和守时）

3. 在分层管理的标准中，使用程度为"中"用量，其使用的物品频率一般定义为多少？（5 分）

    A．一年都没有使用过的物品

    B．7～12 个月内使用过的物品

    C．1～6 个月内使用过的物品

    D．每日至每月都要使用的物品

    E．每小时都要使用的物品

4. 以下哪些是清洁的推行方法？（5 分）

    A．目视管理

    B．定置管理

    C．贮存的透明度

    D．视觉监察法

    E．分层管理

5. 6S 可以有助公司哪方面的效用？（5 分）

    A．安全

    B．品质

    C．效率

    D．形象

    E．以上全部都是

6. 请列出推行整顿的四个步骤（6 分）

第一个步骤：＿＿＿＿＿＿＿＿＿＿＿＿＿

第二个步骤：＿＿＿＿＿＿＿＿＿＿＿＿＿

第三个步骤：＿＿＿＿＿＿＿＿＿＿＿＿＿＿

第四个步骤：＿＿＿＿＿＿＿＿＿＿＿＿＿＿

7．推行 6S 的效能是什么 ？（7 分）

8．如何实施 6S？（10 分）

9．为什么要实施 6S？（10 分）

10．请分别列出至少两个实施整理、整顿、清扫、清洁、素养、安全的方法和执行思路。（12 分）

11．请列出以下照片中不符合的要点，并说明原因及改善方法。（30 分）

6S 活动知识竞赛题示例（三）

6S 活动知识竞赛题

一、填空题

1. 6S 指的是：<u>整理</u>、<u>整顿</u>、<u>清扫</u>、<u>清洁</u>、<u>素养</u>、<u>安全</u>。

2. 1S：<u>整理</u>，就是把工作环境中<u>必要</u>和<u>非必要</u>的物品区分开来，在岗位上只放置适量的<u>必需品</u>。

3. 2S：<u>整顿</u>，就是把必要的物品再进行<u>分类</u>，根据<u>使用频率</u>确定放置的位置及方法，达到必需品置于任何人都能立即取到和立即放回的状态。

4. 3S：<u>清扫</u>，将岗位变得无垃圾、无灰尘、干净整洁，将设备保养得锃亮完好。

5. 4S：<u>清洁</u>，将<u>整理</u>、<u>整顿</u>、<u>清扫</u>进行到底，并<u>标准化</u>、<u>制度化</u>。

6. 5S：<u>素养</u>，对规定了的事情，大家都按要求去<u>执行</u>，并养成一种<u>习惯</u>。全面提高员工的品质，彻底改变每个工作人员的精神面貌，这是 6S 追求的<u>最高境界</u>。

7. 6S：<u>安全</u>，就是清除安全隐患，排除险情，<u>预防事故</u>的发生。

8. 6S 的本质不是大扫除，对企业而言，6S 是一种<u>态度</u>；对管理者而言，6S 是<u>基本能力</u>；对员工而言，6S 是每天必做的<u>工作</u>。

9. "6S 管理"是<u>日本</u>企业的 5S 扩展而来，是现代工厂行之有效的现场管理理念和方法，也是其他管理活动有效展开的<u>基础</u>。其作用是：提高效率，保证质量，使环境整洁有序，预防为主，保证安全。

10. 遵守标准，养成习惯是 6S 中素养的要求，它是针对人品质的提升，也是 6S 活动的<u>最终目的</u>。

11. 现在很多公司要求工人必须穿工作服，并且要干净整洁，同时要求与客户见面要使用文明语言，这属于 6S 工作中<u>素养</u>的范畴。

12. 6S 中<u>清洁</u>的目的是保持整理、整顿、清扫后的良好环境。

13. 区分工作场所内的物品为"要的"和"不要的"是属于 6S 中<u>整理</u>的范畴，物品乱摆放属于 6S 中<u>整顿</u>的处理内容。

14. 整理主要是排除<u>空间</u>上的浪费，整顿主要是排除<u>时间</u>上的浪费。

15. 将垃圾清理出厂区属于 6S 中的<u>清扫</u>。

16. <u>清扫</u>的目的：消除"脏污"，稳定品质，预防发生故障。

17. 将产品分类码放整齐，属于 6S 中的<u>整顿</u>的内容。

二、选择题

1. 谁承担 6S 活动成败的责任？（D）
   A. 总经理　　　　　B. 委员会　　　　　C. 科长　　　　　　　　D. 公司全体

2. 公司什么地方需要整理、整顿？（C）
   A. 工作现场　　　　B. 办公室　　　　　C. 全公司的每个地方　D. 仓库

3. 我们对 6S 应有的态度？（B）
   A. 口里应付，走走形式　　　　　　B. 积极参与行动
   C. 事不关己　　　　　　　　　　　D. 看别人如何行动再说

4. 公司的 6S 应如何做？（A）

    A. 6S 是日常工作的一部分，靠大家持之以恒地做下去

    B. 第一次有计划地大家做，以后靠干部做

    C. 做 4 个月就可以了

    D. 车间做就可以了

5. 6S 中哪个最重要，理想目标是什么？（A）

    A. 人人有素养　　　　　　　　B. 地物干净

    C. 工厂有制度　　　　　　　　D. 生产效率高

6. 清扫在工作中的位置是什么？（B）

    A. 有空再清扫就行了　　　　　B. 清扫是工作中的一部分

    C. 地物干净　　　　　　　　　D. 生产效率高

7. 6S 和产品质量的关系？（B）

    A. 工作方便　　　　　　　　　B. 改善品质

    C. 增加产量　　　　　　　　　D. 没有多大关系

8. 6S 与公司及员工有哪些关系？（A/D）

    A. 提高公司形象　　　　　　　B. 增加工作时间

    C. 增加工作负担　　　　　　　D. 安全有保障

9. 进行整顿工作时，要将必要的东西分门别类，其目的是（C）

    A. 使工作场所一目了然　　　　B. 营造整齐的工作环境

    C. 缩短寻找物品的时间　　　　D. 清除过多的积压物品

10. 在清洁工作中，应该（D）

    A. 清除工作中无用的物品

    B. 将物品摆放得整整齐齐

    C. 在全公司范围内进行大扫除

    D. 将整理、整顿、清扫工作制度化，并定期检查评比

三、判断题

1. 整理工作是 6S 的第一步，即在分物品为必要的和不必要的，不必要的都清除掉，做这一步的关键是为了节约空间。（√）

2. 仪容不整或穿着不整的工作员工，会导致不易识别，妨碍沟通协调。（√）

3. 6S 活动可以不坚持执行，可以因情况的变化中途停止。（×）

4. 清扫是保证品质和提高效率的一种技术。（√）

5. 小刘出差前，为保持桌面干净整齐，将桌上所有的文件锁到抽屉里。（×）

附录二 6S 活动标语集锦

6S 活动标语集锦

1. 管理要精细，管理要精确，管理要精益。
2. 无不安全的设备，无不安全的操作，无不安全的现场。
3. 现场就是 6S 活动的战场。
4. 目视管理是 6S 活动的基础。
5. 物流控制是 6S 活动的主线。
6. 责任交接是 6S 活动的关键。
7. 管理是修己安人的历程：起点是修己，做好自律工作；重点是安人，强调人性化管理。
8. 修正你的思想，因为它会改变你的行为。
9. 注意你的行为，因为它会改变你的习惯。
10. 养成你的习惯，因为它会改变你的性格。
11. 培养你的性格，因为它会改变你的命运。
12. 把握你的命运，因为它会改变你的人生。
13. 一切从我做起。
14. 只有目标没有行动，那是在做梦；只有行动而没有目标，那是在浪费时间；目标加上行动才能够改变世界。
15. 人之初，性本懒，要他做，制度管。
16. 人之初，性本勤，激励他，土成金。
17. 人之初，性本善，你和我，一起干。
18. 制度是创造优秀员工的基石，标准是造就伟大企业的砖瓦，6S 是落实制度和标准的工具。
19. 以人为本，关爱生命。
20. 思一思研究改善措施，试一试坚持不懈努力。
21. 整理、整顿天天做，清扫、清洁时时行。
22. 整理整顿做得好，清洁、打扫没烦恼。
23. 积极投入齐参加，自然远离脏乱差。
24. 创造舒适工作场所，不断提高工作效率。
25. 讲究科学，讲求人性化，这就是整顿的方向。
26. 生命只有一次，安全伴君一生。
27. 为了生活好，安全活到老。
28. 生产再忙，安全不忘，人命关天，安全在先。
29. 多看一眼，安全保险多防一步，少出事故。
30. 安全来自长期警惕，事故源于瞬间麻痹。
31. 争取一个客户不容易，失去一个客户很容易。
32. 成功者找方法，失败者找借口。
33. 会而善议，议而当决，决而必行。
34. 鄙视一切乱丢的不文明行为。

参考文献

[1] 藤宝红. 6S 精益推行手册. 北京：人民邮电出版社，2014.

[2] 聂云楚. 6S 实战手册. 深圳：海天出版社，2004.

[3] 杨剑. 班组长现场管理精要. 北京：中国纺织出版社，2006.